Impressum
Verlag: BABADADA GmbH, Nedderfeld 112 , 22529 Hamburg
Geschäftsführer / Verlagsleitung: Harald Hof
Druck: Books on Demand GmbH, In de Tarpen 42, 22848 Norderstedt

Imprint
Publisher: BABADADA GmbH, Nedderfeld 112 , 22529 Hamburg, Germany
Managing Director / Publishing direction: Harald Hof
Print: Books on Demand GmbH, In de Tarpen 42, 22848 Norderstedt

ໂຮງຮຽນ
koulu

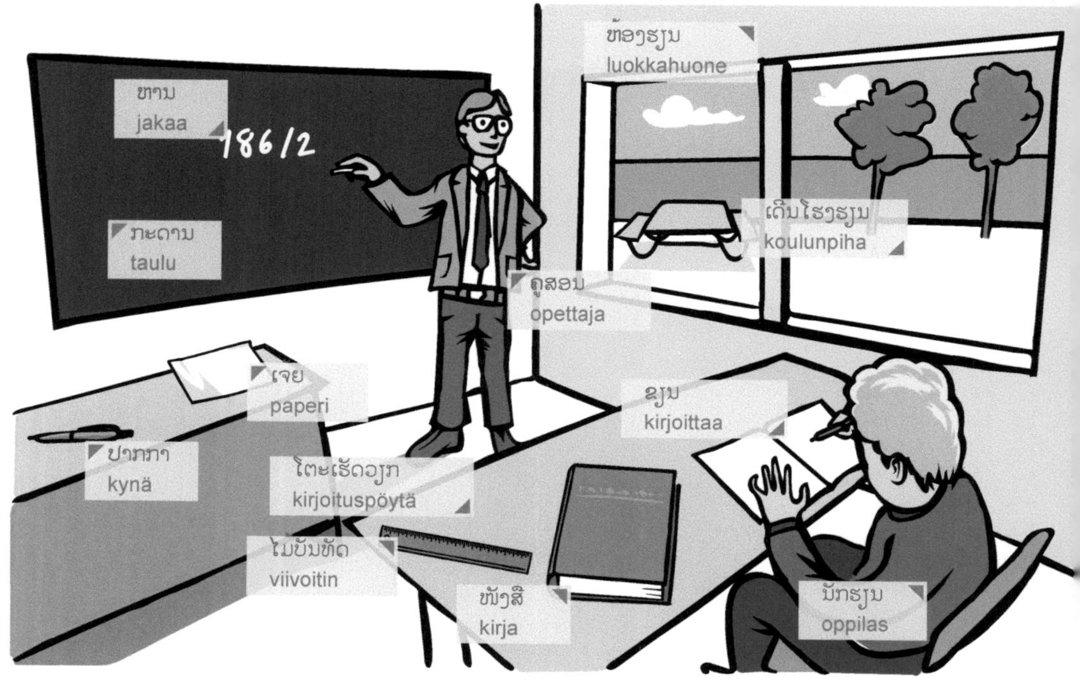
ຫ້ອງຮຽນ
luokkahuone
ຫານ
jakaa
186/2
ເດີ່ນໂຮງຮຽນ
koulunpiha
ກະດານ
taulu
ຄູສອນ
opettaja
ເຈຍ
paperi
ຂຽນ
kirjoittaa
ປາກກາ
kynä
ໂຕະເຮັດວຽກ
kirjoituspöytä
ໄມ້ບັນທັດ
viivoitin
ໜັງສື
kirja
ນັກຮຽນ
oppilas

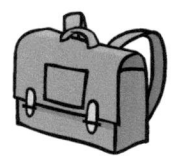

ກະເປົາໃສ່ປຶ້ມທີ່ມີສາຍພາຍ

reppu

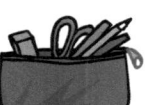

ກັບສໍດໍາ

penaali

ສໍດໍາ

lyijykynä

ເຄື່ອງແຫຼມສໍ

kynänteroitin

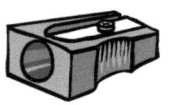

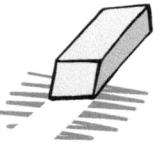

ຢາງລຶບ

pyyhekumi

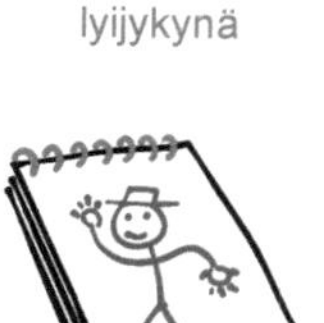

ສະໝຸດແຕ້ມຮູບ

piirustuslehtiö

ຍາບວາດ

piirustus

ແປງທາສີ

pensseli

ກ່ອງສີ

vesivärit

ມີດຕັດ

sakset

ກາວ

liima

ປື້ມເຝິກຫັດ

harjoituskirja

ວຽກບ້ານ

kotitehtävä

12

ຕົວເລກ

luku

2+2

ບວກ

lisätä

5-2

ລົບ

vähentää

2×2

ຄູນ

kertoa

ຄິດໄລ່

laskea

A

ຕົວອັກສອນ

kirjain

ABCDEFG
HIJKLMN
OPQRSTU
VWXYZ

ພະຍັນຊະນະ

aakkoset

hello

ຄໍາສັບ

sana

ຂໍ້ຄວາມ

teksti

ອ່ານ

lukea

ສໍຂາວ

liitu

ບົດຮຽນ

oppitunti

ລົງທະບຽນ

opettajan muistikirja

ການສອບເສັງ

koe

ໃບຢັ້ງຢືນ

todistus

ຊຸດນັກຮຽນ

koulupuku

ການສຶກສາ

koulutus

ປຶ້ມຮວບຮວມຄວາມຮູ້ສາລະພັດ

sanakirja

ມະຫາວິທະຍາໄລ

yliopisto

ກ້ອງຈຸລະທັດ

mikroskooppi

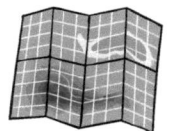

ແຜນທີ່

kartta

ກະຕ່າໃສ່ເສດເຈ້ຍ

roskakori

x

ໂຮງແຮມ
hotelli

Grand

ໂຮສເຫລ
retkeilymaja

ROOMS

CHANGE

ບ່ອນແລກປ່ຽນເງິນຕາ
rahanvaihto

ກະເປົາເດີນທາງ
matkalaukku

ລົດຍົນ
auto

ພະສາ
kieli

ແມນ / ບໍ່ແມ່ນ
kyllä / ei

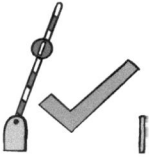

ຕົກລົງ
selvä

ສະບາຍດີ
hei

ນັກແປພາສາ
tulkki

ຂອບໃຈ
kiitos

ລາຄາເທົ່າໃດ...?

Paljonko...maksaa?

ຂ້ອຍບໍ່ເຂົ້າໃຈ

en ymmärrä

ບັນຫາ

ongelma

ສະບາຍດີຕອນແລງ!

Hyvää iltaa!

ສະບາຍດີຕອນເຊົ້າ!

Hyvää huomenta!

ລາຕິສະຫວັດ

Hyvää yötä!

ລາກ່ອນ

näkemiin

ທິດທາງ

suunta

ກະເປົາເດີນທາງ

matkatavarat

ກະເປົາ

laukku

ກະເປົາພາຍຫຼັງ

reppu

ແຂກ

vieras

ຫ້ອງ

huone

ຖົງໃສ່ເຄື່ອງນອນ

makuupussi

ເຕັ້ນ

teltta

ຂໍ້ມູນບໍລິການທ່ອງທ່ຽວ

turisti-info

ຫາດຊາຍ

ranta

ບັດເຄຣດິດ

luottokortti

ອາຫານເຊົ້າ

aamupala

ອາຫານທ່ຽງ

lounas

ອາຫານແລງ

päivällinen

ປີ້

matkalippu

ລິຟ

hissi

ສະແຕມ

postimerkki

ພົມແດນ

raja

ພາສີ

tulli

ສະຖານທູດ

suurlähetystö

ວີຊາ

viisumi

ໜັງສືຜ່ານແດນ

passi

ຂົນສົ່ງ
kuljetus

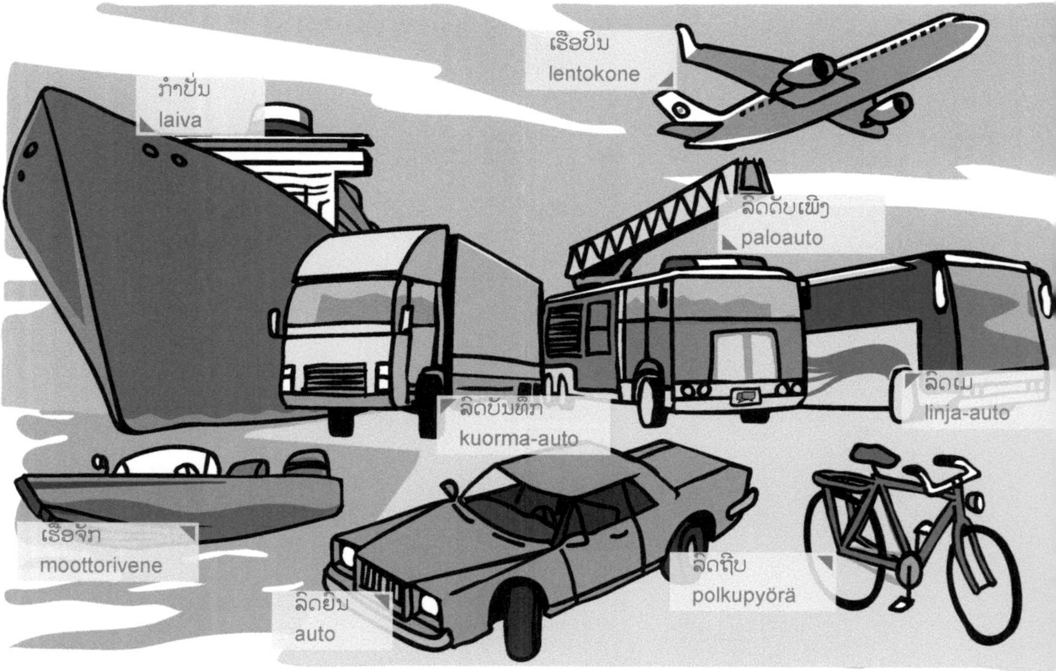

ເຮືອບິນ
lentokone
ກຳປັ່ນ
laiva
ລົດດັບເພີງ
paloauto
ລົດເມ
linja-auto
ລົດບັນທຸກ
kuorma-auto
ເຮືອຈັກ
moottorivene
ລົດຖີບ
polkupyörä
ລົດຍົນ
auto

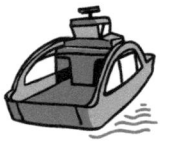

ເຮືອຂ້າມຟາກ

lautta

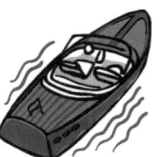

ເຮືອ

vene

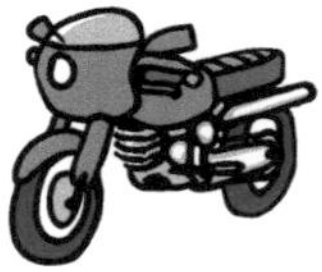

ລົດຈັກ

moottoripyörä

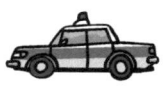

ລົດຕຳຫຼວດ

poliisiauto

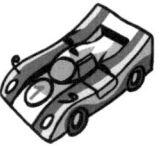

ລົດແຂ່ງ

kilpa-auto

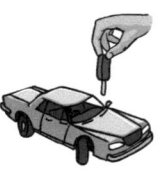

ລົດເຊົ່າ

vuokra-auto

ການແບ່ງຢືມກັນໃຊ້ລົດ

car sharing

ລົດລາກ

Hinausauto

ລົດຂົນຂີ້ເຫຍື້ອ

roska-auto

ເຄື່ອງຢືມ

moottori

ເຊື້ອໄຟ

polttoaine

ປໍ້ານໍ້າມັນ

huoltoasema

ປ້າຍຈາລະຈອນ

liikennemerkki

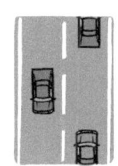

ການຈາລະຈອນ

liikenne

ການຈາລະຈອນຕິດຂັດ

ruuhka

ບ່ອນຈອດລົດ

parkkipaikka

ສະຖານີລົດໄຟ

rautatieasema

ລາງລົດໄຟ

raiteet

ລົດໄຟ

juna

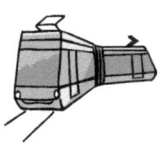

ລົດລາງ

raitiovaunu

ຕູ້ລົດໄຟ

vaunu

ເຮລິຄອບເຕີ
helikopteri

ສະໜາມບິນ
lentokenttä

ຫໍຄອຍ
lähilennonjohto

ຜູ້ໂດຍສານ
matkustaja

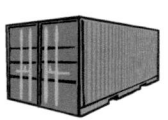

ຕູ້ບັນຈຸສິນຄ້າ
kontti

ກ່ອງເຈ້ຍ
pahvilaatikko

ກວຽນ
kärryt

ກະຕ່າ
kori

ເຮືອບິນຂຶ້ນ / ເຮືອບິນລົງຈອດ
nousta / laskea

ເມືອງ

kaupunki

ບ້ານ
kylä

ໃຈກາງເມືອງ
keskusta

ເຮືອນ
talo

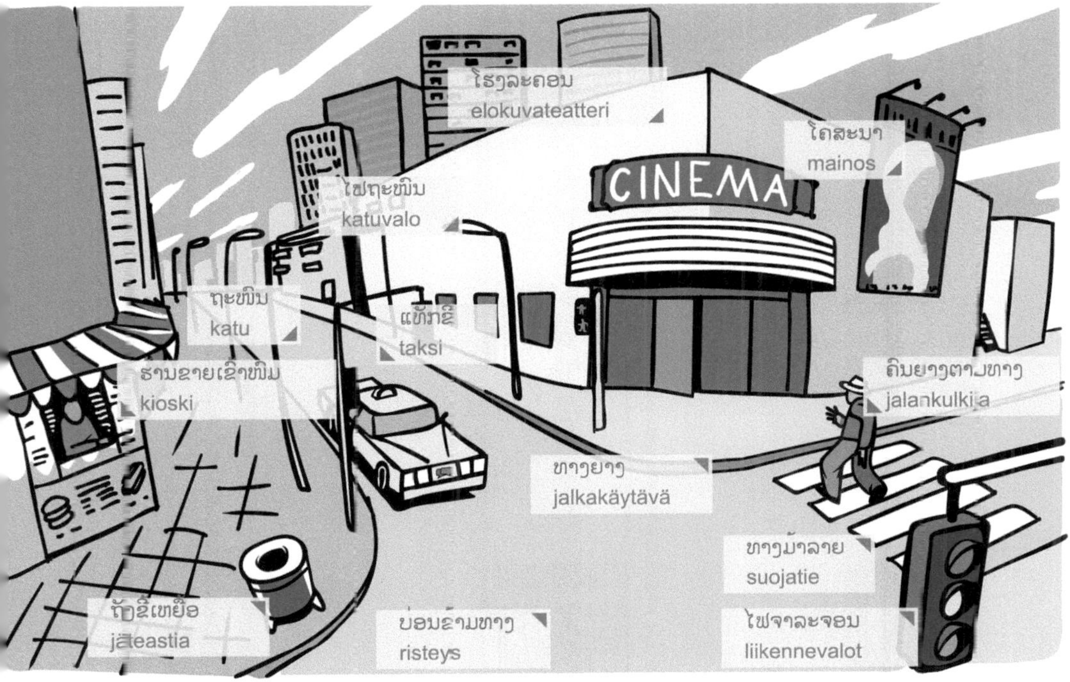

ໂຮງລະຄອນ
elokuvateatteri
CINEMA
ໂຄສະນາ
mainos
ໄຟຖະໜົນ
katuvalo
ຖະໜົນ
katu
ແທັກຊີ
taksi
ຮ້ານຂາຍເຂົ້າໜົມ
kioski
ຄົນຍ່າງຕາມທາງ
jalankulkija
ທາງຍ່າງ
jalkakäytävä
ທາງມ້າລາຍ
suojatie
ຖັງຂີ້ເຫຍື້ອ
jäteastia
ບ່ອນຂ້າມທາງ
risteys
ໄຟຈາລະຈອນ
liikennevalot

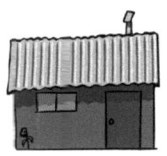

ຕູບ

mökki

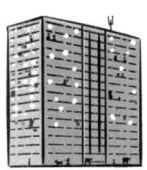

ແຟລດ

kerrostalo

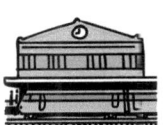

ສະຖານີລົດໄຟ

rautatieasema

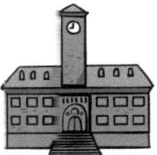

ໂຮງການເມືອງ

kaupungintalo

MUSEUM

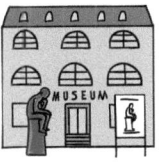

ຫໍພິພິດຕະພັນ

museo

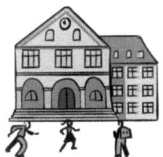

ໂຮງຮຽນ

koulu

ມະຫາວິທະຍາໄລ
yliopisto

ທະນາຄານ
pankki

ໂຮງໝໍ
sairaala

ໂຮງແຮມ
hotelli

ຮ້ານຂາຍຢາ
apteekki

ຫ້ອງການ
toimisto

ຮ້ານຂາຍພັງສື
kirjakauppa

ຮ້ານຄ້າ
liike

ຮ້ານຂາຍດອກໄມ້
kukkakauppa

ຊຸບເປີມາກເກັດ
supermarketti

ຕະຫຼາດ
tori

ຫ້າງສັບພະສິນຄ້າ
tavaratalo

ຮ້ານຂາຍປາ
kalakauppias

ສູນການຄ້າ
ostoskeskus

ທ່າເຮືອ
satama

ສວນສາທາລະນະ

puisto

ແປ້ນມ້າ

penkki

ຂົວ

silta

ຂັ້ນໃດ

portaat

ລົດໄຟໃຕ້ດິນ

metro

ອຸໂມງ

tunneli

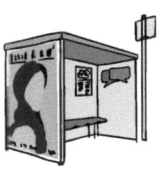

ປ້າຍລົດເມ

linja-autopysäkki

ຮ້ານຂາຍເຫຼົ້າ

baari

ຮ້ານອາຫານ

ravintola

ຕູ້ໄປສະນີ

postilaatikko

ປ້າຍຂື່ຖະໜົນ

katukyltti

ມິເຕີເກັບຄ່າຝາກລົດ

parkkimittar

ສວນສັດ

eläintarha

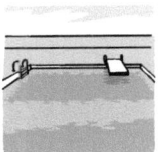

ສະລອຍນ້ຳ

uimala

ວັດມຸດສະລິມ

moskeija

ຟາມ

maatila

ມົນລະພິດ

ympäristön saastuminen

ສຸສານ

hautausmaa

ໂບດ

kirkko

ເດີ່ນຫຼີ້ນຂອງເດັກນ້ອຍ

leikkikenttä

ວັດມຸດສະລິມ

temppeli

ພູມິປະເທດ

maisema

ໃບໄມ້
lehti

ປ້າຍບອກທາງ
tienviitta

ທາງ
tie

ທົ່ງຫຍ້າ
niitty

ກ້ອນຫິນ
kivi

ຕົ້ນໄມ້
puu

ນັກເດີນທາງໄກດ້ວຍການຍ່າງ
retkeilijä

ແມ່ນ້ຳ
joki

ຫຍ້າ
ruoho

ດອກໄມ້
kukka

ຮ່ອມພູ

laakso

ເນີນເຂົາ

vuori

ທະເລສາບ

järvi

ປ່າ

metsä

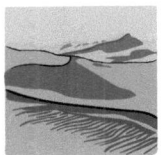

ທະເລຊາຍ

aavikko

ພູເຂົາໄຟ

tulivuori

ຫໍປະສາດ

linna

ຮຸ້ງກິນນ້ຳ

sateenkaari

ເຫັດ

sieni

ຕົ້ນປາມ

palmu

ຍຸງ

hyttynen

ແມງວັນ

kärpänen

ມົດ

muurahainen

ເຜິ້ງ

mehiläinen

ແມງມຸມ

hämähäkki

ແມງປີກແຂງ
kovakuoriainen

ກົບ
sammakko

ກະຮອກ
orava

ເໝັ້ນ
siili

ກະຕ່າຍປ່າ
jänis

ນົກເຄົ້າ
pöllö

ນົກ
lintu

ຫົງ
joutsen

ໝູປ່າຕົວຜູ້
villisika

ກວາງ
peura

ກວາງໃຫຍ່
hirvi

ເຂື່ອນ
pato

ໜາກປື່ນ
tuulimylly

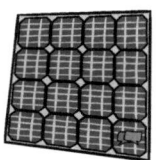

ແຜງໂຊລາເຊລ
aurinkopaneeli

ສະພາບອາກາດ
ilmasto

ຄິນເສີບຮາຍ
tarjoilija

ລາຍການອາຫານ
ruokalista

ຕັ່ງນັ່ງ
tuoli

ຊຸບ
keitto

ພິສຊາ
pitsa

ເຄື່ອງໃຊ້ເທິງໂຕະອາຫານ
ruokailuvälineet

ຜ້າປູໂຕະ
pöytäliina

ອາຫານເລີ່ມຕົ້ນ

alkuruoka

ອາຫານຈານຫຼັກ

pääruoka

ຂອງຫວານ

jälkiruoka

ເຄື່ອງດື່ມ

juomat

ອາຫານ

ruoka

ຂວດແກ້ວ

pullo

ອາຫານຈານດ່ວນ

pikaruoka

ຮ້ານຂາຍທາງ

katuruoka

ເຕົ້ານ້ຳຊາ

teekannu

ຖ້ວຍນ້ຳຕານ

sokeriastia

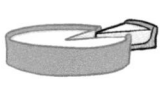

ສ່ວນແບ່ງອາຫານສຳລັບໜຶ່ງຄົນ

annos

ເຄື່ອງຊົງກາເຟເອສເປຣສໂຊ

espressokeitin

ເກົ້າອີ້ສູງ

syöttötuoli

ໃບເກັບເງິນ

lasku

ຖາດ

tarjotin

ມີດ

veitsi

ສ້ອມ

haarukka

ບ່ວງ

lusikka

ຊ້ອນຊາ

teelusikka

ຜ້າເຊັດປາກຢູ່ໂຕະອາຫານ

servietti

ຈອກແກ້ວ

lasi

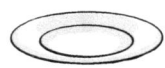

ຈານ
lautanen

ຈານຊຸບ
syvä lautanen

ຈານຮອງ
aluslautanen

ຊອສ
kastike

ກະປຸກເກືອ
suolasirotin

ກະປຸກພິກໄທ
pippurimylly

ນ້ຳສົ້ມສາຍຊູ
etikka

ນ້ຳມັນພືດ
öljy

ເຄື່ອງເທດ
mausteet

ຊອສໝາກເດັ່ນ
ketsuppi

ຜັກຈຳພວກຜັກກາດ
sinappi

ມາຍອນເນສ
majoneesi

ຊູບເປີມາກເກັດ

supermarketti

ຂໍ້ສະເໜີພິເສດ
tarjous
FOR
ລູກຄ້າ
asiakas
ຜະລິດຕະພັນທີ່ເຮັດຈາກນົມ
maitotuotteet
ໝາກໄມ້
hedelmät
ລົດຊຸກ
ostoskärryt

BUTCHERS

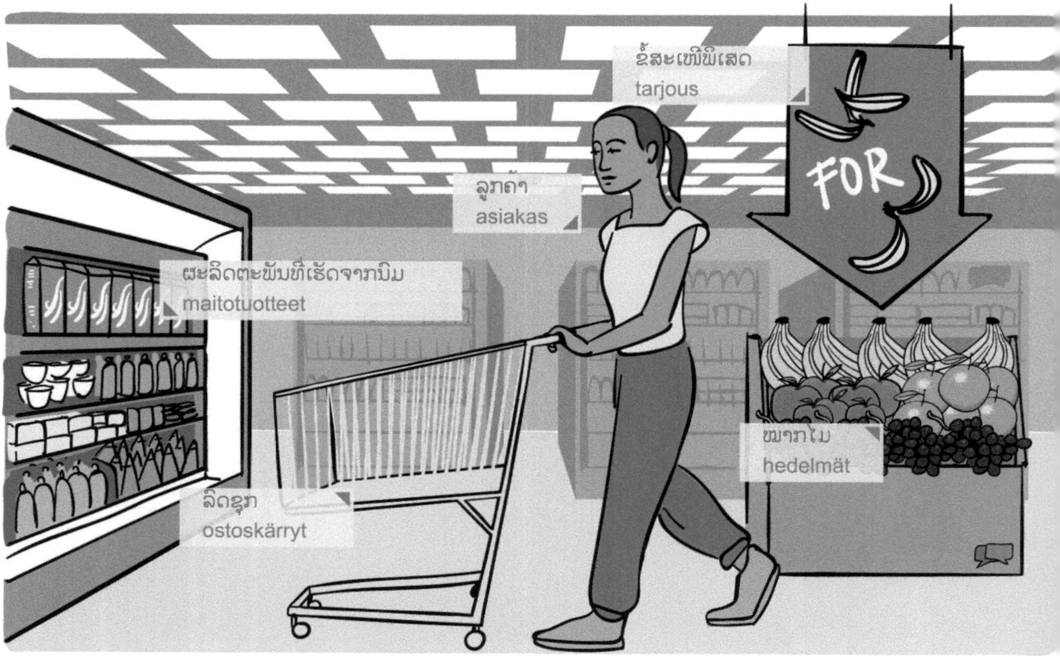

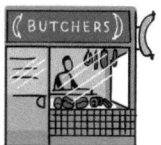

ຮ້ານຂາຍຊີ້ນ

teurastamo

BAKERY

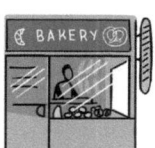

ຮ້ານຂາຍເຂົ້າໜົມປັງ

leipomo

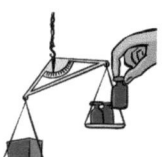

ຊັ່ງນ້ຳໜັກ

punnita

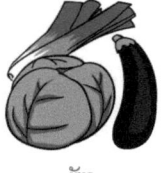

ຜັກ

kasvikset

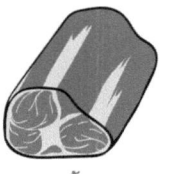

ຊີ້ນ

liha

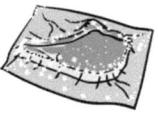

ອາຫານແຊ່ແຂງ

pakasteet

ຂຶ້ນເຢັນ
leikkele

ອາຫານກະປ໋ອງ
säilykkeet

ແຝ່ບຊັກເຄື່ອງ
pesujauhe

ເຂົ້າໜົມຫວານ
makeiset

ຜະລິດຕະພັນໃນຄົວເຮືອນ
kotitaloustarvikkeet

ຜະລິດຕະພັນທຳຄວາມສະອາດ
puhdistusaineet

ພະນັກງານຂາຍຍ່ອງ
myyjä

ເຄື່ອງຄິດເງິນ
kassa

ພະນັກງານເງິນສົດ
kassanhoitaja

ລາຍການຊື້ເຄື່ອງ
ostoslista

ເວລາເປີດເຮັດວຽກ
aukioloajat

ກະເປົາເງິນ
lompakko

ບັດເຄຣດິດ
luottokortti

ຖົງ
kassi

ຖົງຢາງ
muovipussi

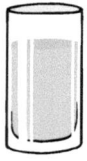

ນ້ຳ

vesi

ນ້ຳໝາກໄມ້

mehu

ນົມ

maito

ໂຄກ

kokis

ວາຍ

viini

ເບຍ

olut

ເຫຼົ້າ

alkoholi

ໂກໂກ້

kaakao

ຊາ

tee

ກາເຝ

kahvi

ເອສເປຣສໂຊ

espresso

ຄາປູຊິໂນ

cappuccino

ໝາກກ້ວຍ

banaani

ແອັບເປິ້ນ

omena

ໝາກກ້ຽງ

appelsiini

ໝາກໂມ

meloni

ໝາກນາວ

sitruuna

ຫົວກະຮິດ

porkkana

ຜັກທຽມ

valkosipuli

ຕົ້ນໄຜ່

bambu

ຫອມບົ່ວ

sipuli

ເຫັດ

sieni

ຖົ່ວ

pähkinät

ເສັ້ນໝີ່

spagetti

ສະປາແກັດຕີ້
....
spagetti

ເຂົ້າ
....
riisi

ສະຫຼັດ
....
salaatti

ມັນຝຣັ່ງທອດ
....
ranskalaiset

ມັນຝຣັ່ງທອດ
....
paistetut perunat

ພິສຊາ
....
pitsa

ແຮມເບີເກີ້
....
hampurilainen

ແຊນອິດຈ໌
....
voileipä

ຊີ້ນຕິດກະດູກ
....
leike

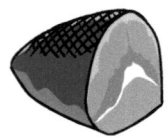

ແຮມ
....
kinkku

ໄສ້ກອກແຫ້ງຊາລາມິ
....
salami

ໄສ້ກອກ
....
makkara

ໄກ່
....
kana

ຢ່າງ
....
paisti

ປາ
....
kala

ເຂົ້າປຸກເຂົ້າໂອດ

kaurahiutaleet

ອາຫານຊະນິດເປັນເມັດກອບ

mysli

ເຂົ້າຊວຍເປັນປ່ຽງມ້ອຍໆ

murot

ເຂົ້າແປ້ງ

jauho

ເຂົ້າຈີ່ຊະນິດຂີ້ງມີຮູບເຄິອນເຄີ່ງ
ໜວຍ

voisarvi

ເຂົ້າໜົມປັງແບບມ້ອນ

sämpylä

ເຂົ້າໜົມປັງ

leipä

ເຂົ້າໜົມປັງປິ້ງ

paahtoleipä

ເຂົ້າໜົມປັງຊະນິດກ້ອນນ້ອຍ

keksit

ເນີຍ

voi

ນ້ຳນົມແຂ້ນ

rahka

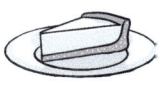

ເຄກ

kakku

ໄຂ່

kananmuna

ໄຂ່ດາວ

paistettu kananmuna

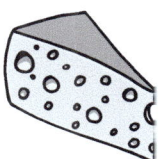

ເນີຍແຂງ

juusto

ກະແລ້ມ

jäätelö

ນ້ຳຕານ

sokeri

ນ້ຳເຜີ້ງ

hunaja

ແຍມ

hillo

ຊ້ອກໂກແລັດຄຣິມສະເປຣຄ

suklaapähkinälevite

ກະລີ່

curry

ຟາມ
maatila

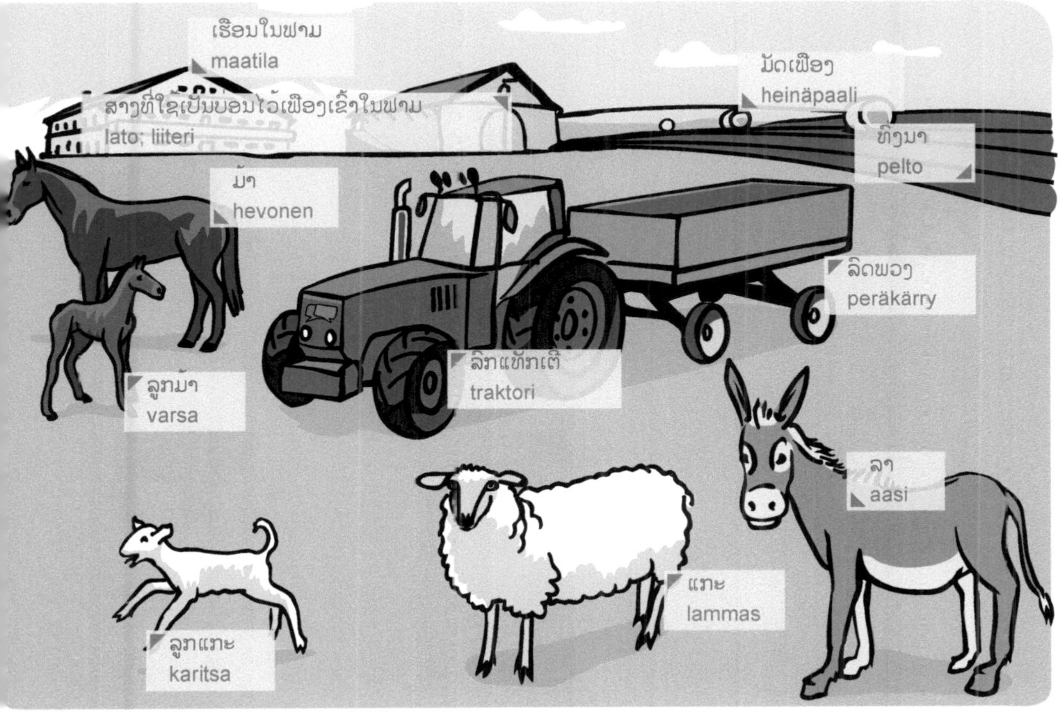
ເຮືອນໃນຟາມ
maatila
ສາງທີ່ໃຊ້ເປັນບ່ອນໄວ້ເຟືອງເຂົ້າໃນຟາມ
lato; liiteri
ມັດເຟືອງ
heinäpaali
ທົ່ງນາ
pelto
ມ້າ
hevonen
ລົດພ່ວງ
peräkärry
ລົດແທັກເຕີ
traktori
ລູກມ້າ
varsa
ລາ
aasi
ແກະ
lammas
ລູກແກະ
karitsa

ແກະ
vuohi

ງົວຕົວແມ່
lehmä

ລູກງົວ
vasikka

ໝູ
sika

ລູກໝູ
porsas

ງົວຕົວຜູ້
sonni

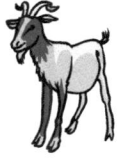

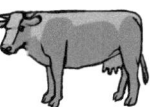

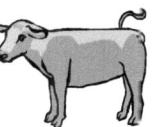

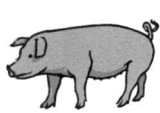

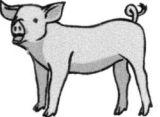

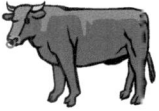

ຫ່ານ
hanhi

ເປັດ
ankka

ລູກໄກ່
tipu

ແມ່ໄກ່
kana

ໄກ່ຜູ້
kukko

ໜູ
rotta

ແມວ
kissa

ໜູ
hiiri

ວົວຕົວຜູ້
härkä

ໝາ
koira

ຄອກໝາ
koirankoppi

ສາຍທໍ່ຍາງທີ່ໃຊ້ໃນສວນ
puutarhaletku

ຂໍ້ຮົດຕົ້ນໄມ້
kastelukannu

ກ່ຽວດ້າມຍາວ
viikate

ຄັນໄຖ
aura

ກ່ຽວ
sirppi

ຈົກ
kuokka

ຄາດ
talikko

ຂວານ
kirves

ລົດຍູ້ລໍ້ດຽວ
kottikärryt

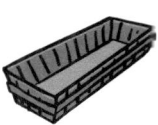

ຫາງລົມ
kaukalo

ປ່ອງນົມ
maitokannu

ກະສອບ
säkki

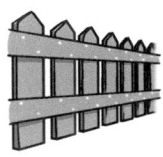

ຮົ້ວ
aita

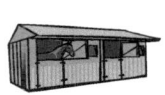

ຄອກມ້າ
talli

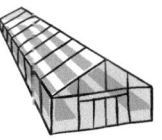

ເຮືອນກະຈົກ
kasvihuone

ດິນ
maa

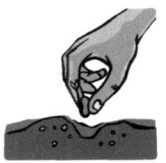

ແກ່ນ
siemen

ປຸ໋ຍ
lannoite

ເຄື່ອງກ່ຽວເຂົ້າ
leikkuupuimuri

ເກັບກ່ຽວ

kerätä sato

ການເກັບກ່ຽວ

sato

ເຜືອກ

jamssit

ເຂົ້າສາລີ

vehnä

ຖົ່ວເຫຼືອງ

soija

ມັນຝັ້ງ

peruna

ເຂົ້າໂພດ

maissi

ດອກເຣພຊິດ

rypsi

ຕົ້ນໄມ້ທີ່ອອກໝາກ

hedelmäpuu

ມັນຕົ້ນ

maniokki

ພຶດຊະນິດເມັດ

vilja

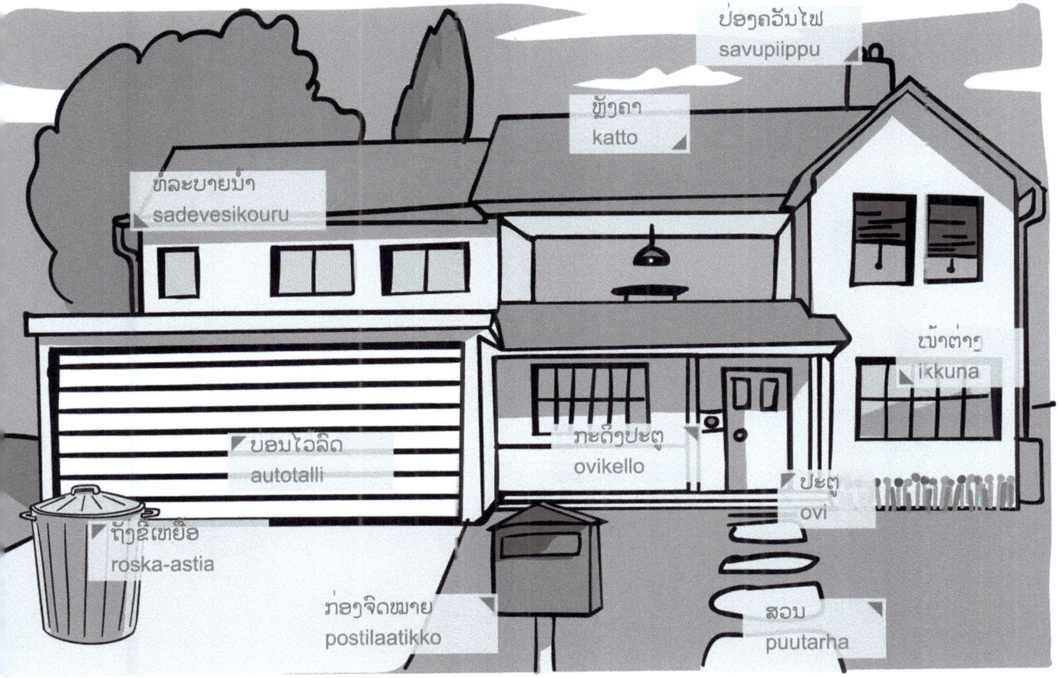

ປ່ອງດັມໄຟ
savupiippu

ຫຼັງຄາ
katto

ທໍ່ລະບາຍນ້ຳ
sadevesikouru

ໜ້າຕ່າງ
ikkuna

ບອມໄອລິດ
autotalli

ກະດິ່ງປະຕູ
ovikello

ປະຕູ
ovi

ຖັງຂີ້ເຫຍື້ອ
roska-astia

ກ່ອງຈົດໝາຍ
postilaatikko

ສວນ
puutarha

ຫ້ອງຮັບແຂກ
olohuone

ຫ້ອງນ້ຳ
kylpyhuone

ຫ້ອງຄົວ
keittiö

ຫ້ອງນອນ
makuuhuone

ຫ້ອງພັກສຳລັບເດັກນ້ອຍ
lastenhuone

ຫ້ອງອາຫານ
ruokahuone

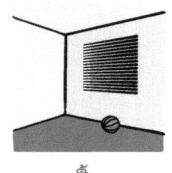

ພື້ນ

lattia

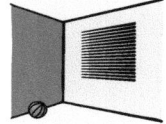

ຝາຜະໜັງ

seinä

ເພດານ

katto

ຫ້ອງເກັບເຄື່ອງໃຕ້ດິນ

kellari

ຫ້ອງອົບອາຍນ້ຳ

sauna

ລະບຽງ

parveke

ຮົ້ມຕາມຂ້າງພູ

terassi

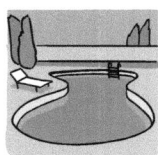

ສະລອຍນ້ຳ

uima-allas

ເຄື່ອງຕັດຫຍ້າ

ruohonleikkuri

ຜ້າປູບ່ອນນອນ

lakana

ຜ້າປູຕຽງ

päiväpeitto

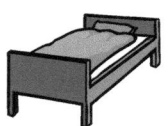

ຕຽງ

sänky

ຟອຍ

harja

ຖັງ

ämpäri

ສະວິດ

katkaisin

ຫ້ອງຮັບແຂກ

olohuone

ພາບພື້ນຫຼັງ
tapetti
ຮູບພາບ
kuva
ໂຄມໄຟ
lamppu
ຊັ້ນວາງຂອງ
hylly
ຕູ້
kaappi
ໂທລະທັດ
televisio
ເຕົາຜີງ
takka
ດອກໄມ້
kukka
ເບາະນັ່ງ
tyyny
ໂຊຟາ
sohva
ໂຖໃສ່ດອກໄມ້
maljakko
ຣີໂໝດຄວບຄຸມ
kaukosäädin

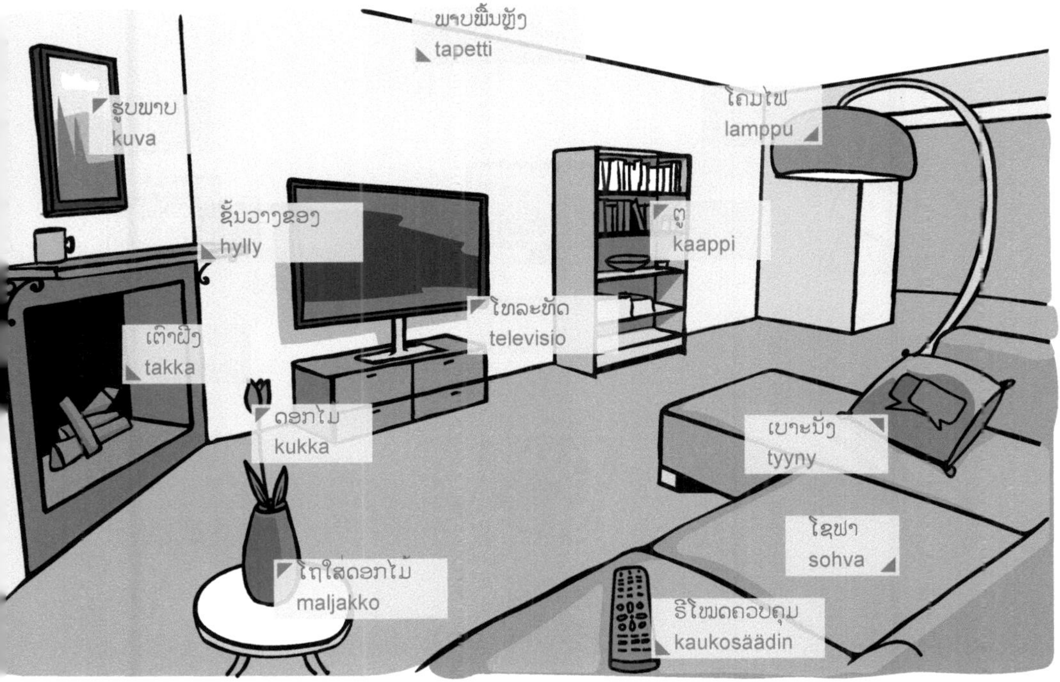

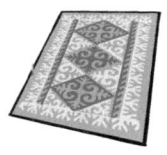

ພົມປູພື້ນ

matto

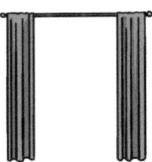

ຜ້າກັ້ງ

verho

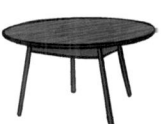

ໂຕະ

pöytä

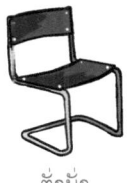

ຕັ່ງນັ່ງ

tuoli

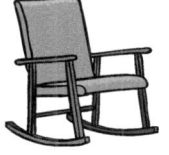

ຕັ່ງນັ່ງແບບໂຍກໄດ້

keinutuoli

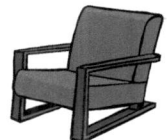

ຕັ່ງນັ່ງທີ່ມີບ່ອນວາງແຂນ

nojatuoli

ໜັງສື

kirja

ຜ້າຫົ່ມ

peitto

ຂອງຕົກແຕ່ງ

koriste

ຟືນ

polttopuut

ຮູບເງົາ

elokuva

ເຄື່ອງສຽງລະບົບໄຮໄຟ

stereot

ກະແຈ

avain

ໜັງສືພິມ

sanomalehti

ການແຕ້ມຮູບ

maalaus

ໂປສເຕີ

juliste

ວິທະຍຸ

radio

ແຜ່ນບັນທຶກ

muistivihko

ເຄື່ອງດູດຝຸ່ນ

pölynimuri

ຕົ້ນກະບອງເພັດ

kaktus

ຫງມໄຂ

kynttilä

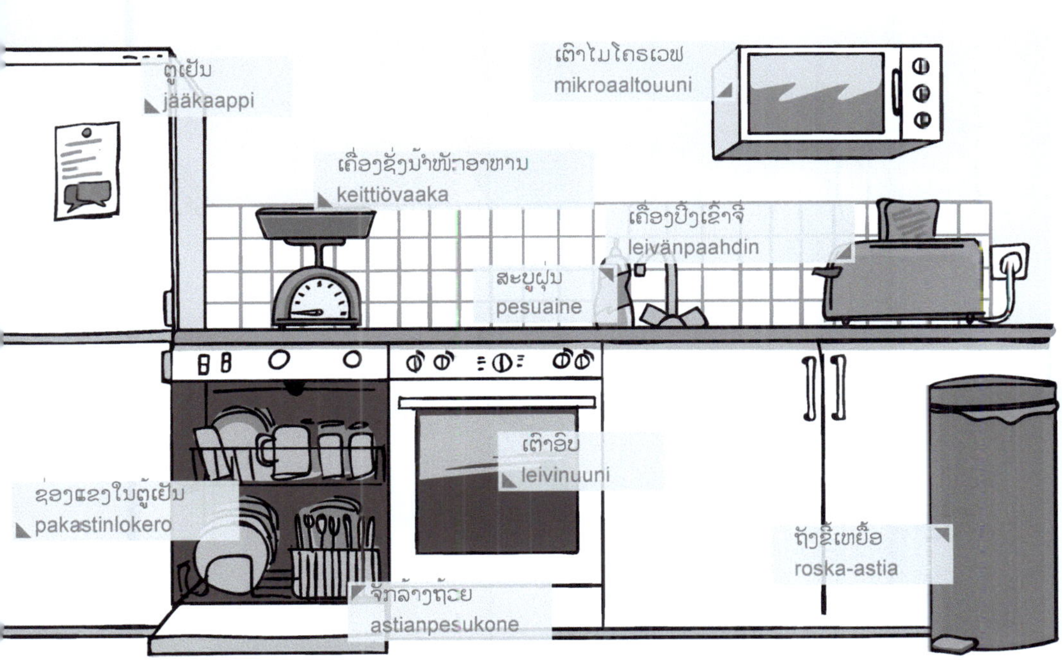

ຕູ້ເຢັນ
jääkaappi

ເຕົາໄມໂຄຣເອຟ
mikroaaltouuni

ເຄື່ອງຊັ່ງນ້ຳໜັກອາຫານ
keittiövaaka

ເຄື່ອງປີ້ງເຂົ້າຈີ່
leivänpaahdin

ສະບູຝຸ່ນ
pesuaine

ຊ່ອງແຊ່ໃນຕູ້ເຢັນ
pakastinlokero

ເຕົາອົບ
leivinuuni

ຖັງຂີ້ເຫຍື້ອ
roska-astia

ຈັກລ້າງຖ້ວຍ
astianpesukone

ໝໍ້ຕົ້ມ	ໝໍ້	ໝໍ້ເຫຼັກຫຼໍ່
liesi	kattila	rautapata
ໝໍ້ກະທະຈືນ	ໝໍ້ກະທະກົ້ນແບນ	ກາຕົ້ມນ້ຳ
vokkipannu / kadai-pannu	paistinpannu	teepannu

ໝໍ້ໄອນ້ຳ

höyrykeitin

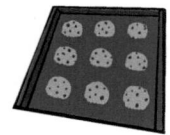

ຖາດອົບ

uunipelti

ເຄື່ອງຖ້ວຍຊາມ

astiat

ຈອກທຶບ

muki

ຖ້ວຍ

kulho

ໄມ້ທູ່

syömäpuikot

ຈອງດ້າມຍາວ

kauha

ຕະຫຼິວ

paistinlasta

ເຄື່ອງຕີໄຂ່

vispilä

ກະຊອນ

siivilä

ເຄື່ອງຮ່ອນ

siivilä

ເຫຼັກຂູດ

raastin

ຄົກ

mortteli

ບາບີຄິວ

grilli

ແຄມໄຟຖາງອອນ

avotuli

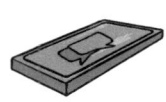

ຊຽງ

leikkuulauta

ໄມ້ນວດແປ້ງ

kaulin

ເຫຼັກໄຂຄອນແກ້ວ

korkinavaaja

ກະປ໋ອງ

purkki

ເຄື່ອງເປີດກະປ໋ອງ

pu-kinavaaja

ຖົງມືຈັບຂອງຮ້ອນ

pannulappu

ອ່າງລ້າງຈານ

lavuaari

ແປງ

tiskiharja

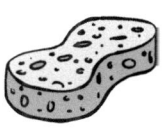

ຟອງນ້ຳ

pesusieni

ເຄື່ອງປັ່ນ

tehosekoitin

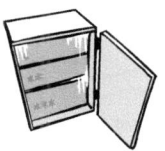

ຕູ້ແຊ່ແຂງ

pakastin

ຂວດນົມ

tuttipullo

ກ໊ອກນ້ຳ

vesihana

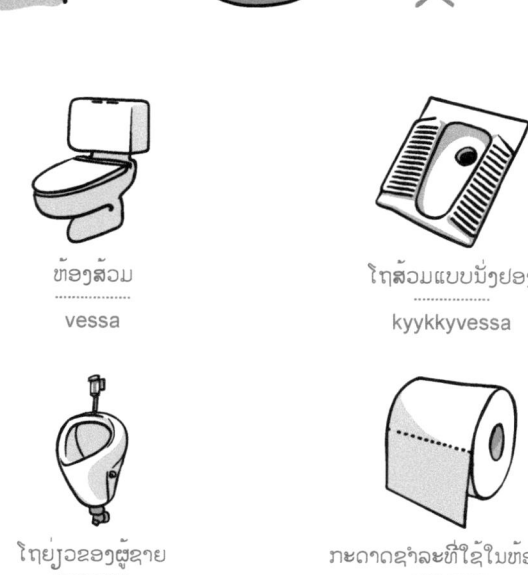

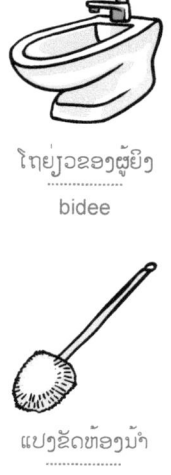

ຫອງນຳ
kylpyhuone

ເຄື່ອງທຳຄວາມຮ້ອນ
lämmitys
ຝັກບົວ
suihku
ຜ້າເຊັດໂຕ
pyyhe
ຜ້າກັ້ງຫ້ອງນ້ຳ
suihkuverho
ສະບູທຳຟອງ
vaahtokylpy
ອ່າງອາບນ້ຳ
kylpyamme
ຈອກແກ້ວ
lasi
ຈັກຊັກຜ້າ
pesukone
ກ໊ອກນ້ຳ
vesihana
ກະເບື້ອງ
kaakelit
ງຸ້ງຍ່ງວ
potta
ອ່າງລ້າງຈານ
lavuaari

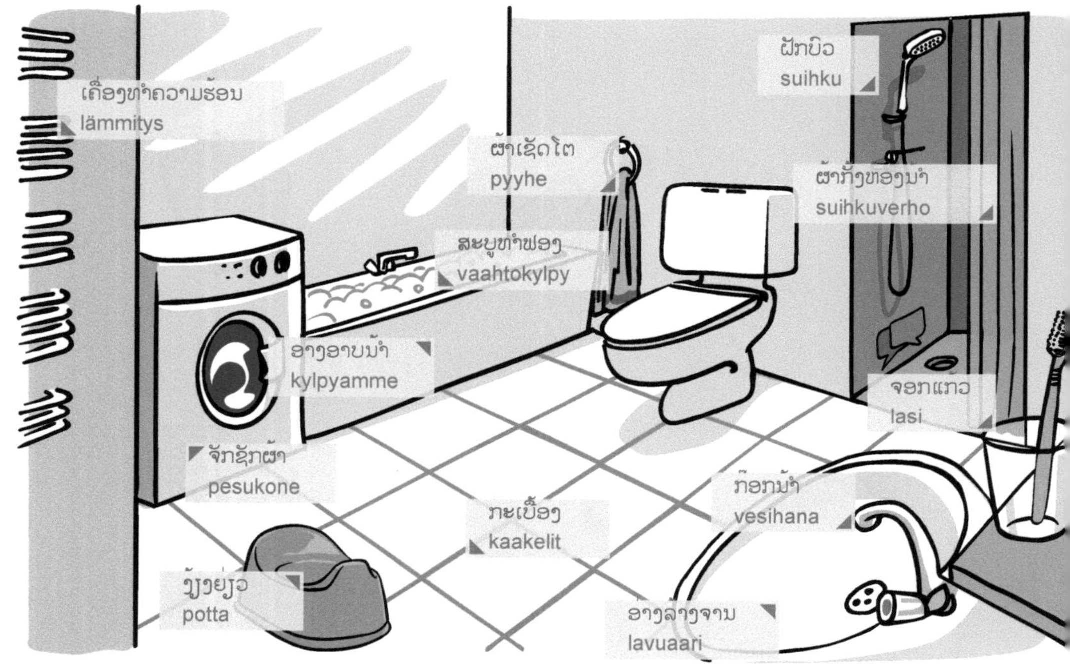

ຫ້ອງສ້ວມ

vessa

ໂຖສ້ວມແບບນັ່ງຍອງ

kyykkyvessa

ໂຖຍ່ງວຂອງຜູ້ຍິງ

bidee

ໂຖຍ່ງວຂອງຜູ້ຊາຍ

pisuaari

ກະດາດຊຳລະທີ່ໃຊ້ໃນຫ້ອງນ້ຳ

vessapaperi

ແປງຂັດຫ້ອງນ້ຳ

vessaharja

ແປງສີຟັນ

hammasharja

ຢາສີຟັນ

hammastahna

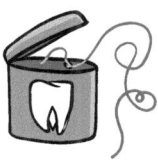

ໄໝຂັດແຂ້ວ

hammaslanka

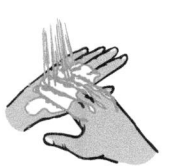

ລ້າງ

pestä

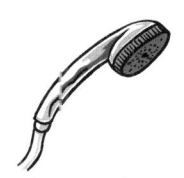

ຝັກບົວອາບນ້ຳທີ່ໃຊ້ມືຈັບ

käsisuihku

ເຄື່ອງສີດລ້າງ

intiimisuihku

ອ່າງລ້າງໜ້າ

pesuvati

ແປງຖູຫົວ

selkäharja

ສະບູ

saippua

ເຈລອາບນ້ຳ

suihkugeeli

ແຊມພູ

shampoo

ຜ້າຖູໂຕນ້ອຍ

pesulappu

ຂີ້ລະບາຍນ້ຳເສຍ

viemäri

ຄິມ

voide

ຢາດັບກິ່ນ

deodorantti

ແອ່ນແຍງ
peili

ແອ່ນມືຖື
käsipeili

ມີດແຖຫນວດ
partaveitsi

ໂຟມແຖຫນວດ
partavaahto

ໂລຊັນບຳລຸຜິວຫຼັງແຖຫນວດ
partavesi

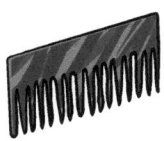

ຫວີ
kampa

ແປງ
harja

ຈັກເປົ່າຜົມ
hiustenkuivaaja

ສະເປຊີດຜົມ
hiuslakka

ຊຸດເຄື່ອງສຳອາງ
meikki

ລິບສະຕິກທາສົບ
huulipuna

ນ້ຳຢາທາເລັບ
kynsilakka

ສຳລີ
pumpuli

ມີດຕັດເລັບ
kynsisakset

ນ້ຳຫອມ
hajuvesi

ກະເປົາອາບນ້ຳ

kosmetiikkalaukku

ຕັ່ງສາມຂາ

jakkara

ເຄື່ອງຊັ່ງນ້ຳໜັກ

vaaka

ເສື້ອຄຸມອາບນ້ຳ

kylpytakki

ຖົງມືຢາງ

kumihansikkaat

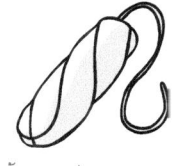

ຜ້າອະນາໄມແບບສອດ

tamponi

ຜ້າອະນາໄມ

terveysside

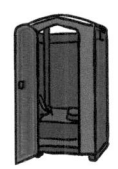

ຫ້ອງນ້ຳເຄມີ

kemiallinen wc

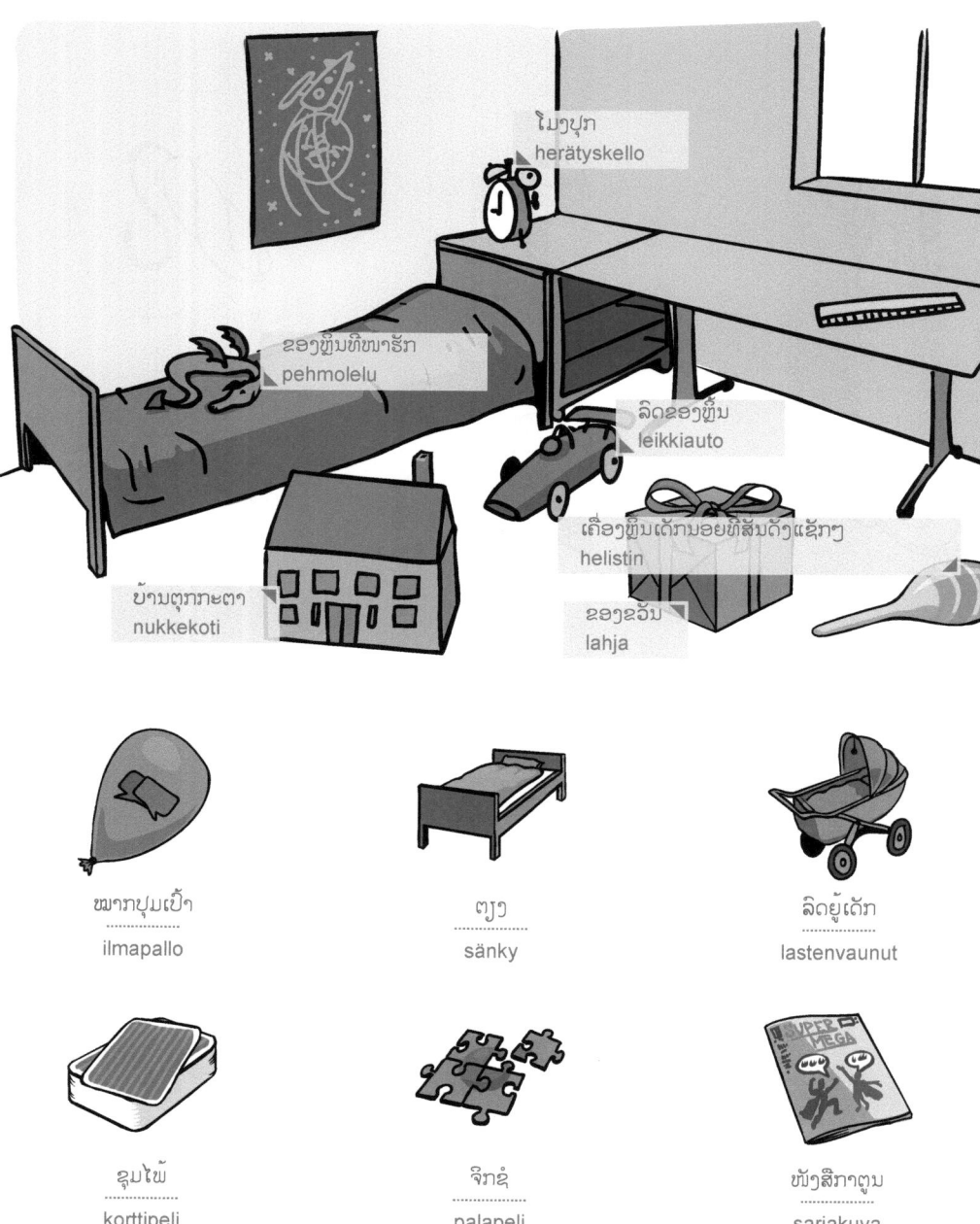

ໂມງປຸກ
herätyskello

ຂອງຫຼິ້ນທີ່ຫນ້າຮັກ
pehmolelu

ລົດຂອງຫຼິ້ນ
leikkiauto

ເຄື່ອງຫຼິ້ນເດັກນ້ອຍທີ່ສົມດັ່ງແຫຼ້ກຯ
helistin

ບ້ານຕຸກກະຕາ
nukkekoti

ຂອງຂວັນ
lahja

ໝາກປຸມເປົ້າ
ilmapallo

ຕຽງ
sänky

ລົດຍູ້ເດັກ
lastenvaunut

ຊຸມໄພ້
korttipeli

ຈິກຊໍ
palapeli

ໜັງສືກາຕູນ
sarjakuva

ຕິດຕໍ່ເລໂກ້

legopalikat

ບລ໊ອກຂອງຫຼິ້ນ

rakeๆnuspalikat

ຮູບປັ້ນທີ່ເຄື່ອນໄຫວໄດ້

supersankari

ເສື້ອຜ້າເດັກເກີດໃໝ່

potkupuku

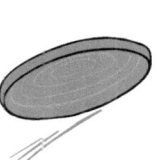

ຈານບິນ

frisbee

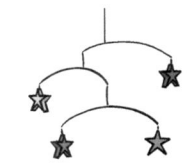

ສິ່ງທີ່ແກວ່ງໄປມາແຂວນຢູ່ເທິງທົ່ວ
ຕຽງເດັກນ້ອຍ

mobile

ເກມກະດານ

lautapeli

ໝາກກະລ໊ອກ

noppa

ຊຸດລົດໄຟຈຳລອງ

pienoisjunarata

ຮູບທຸ່ນ

tutti

ງານລ້ຽງ

juhlat

ໜັງສືພາບ

kuvakirja

ໝາກບານ

pallo

ຕຸກກະຕາ

nukke

ຫຼິ້ນ

leikkiä

ຫ້ອງພັກສຳລັບເດັກນ້ອຍ - lastenhuone   43

ຂຸມດິນຊາຍສຳລັບເດັກນ້ອຍຫຼິ້ນ

hiekkalaatikko

ຊິງຊ້າ

keinu

ຂອງຫຼິ້ນ

lelut

ເຄື່ອງຫຼິ້ນວິດີໂອເກມ

pelikonsoli

ລົດຖີບສາມລໍ້

kolmipyörä

ຕຸກກະຕາໝີ

nalle

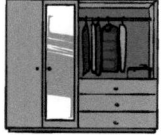

ຕູ້ເສື້ອຜ້າ

vaatekaappi

ລອງເທົ້າ

sukat

ຖົງເທົ້າຍາວຜູ້ຍິງ

nylonsukat

ໃສ້ຢຶດແບບເໝົ້

sukkahousut

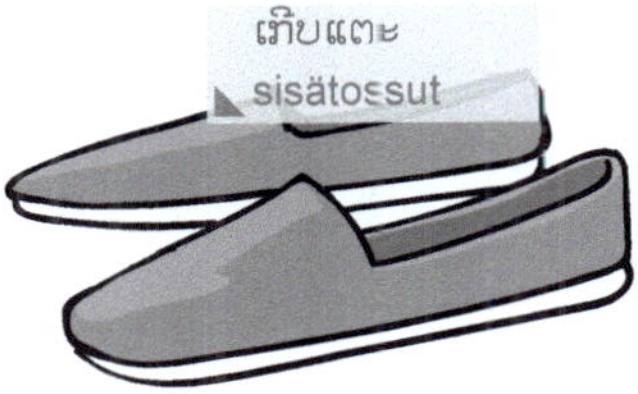

ຜ້າພັນຄໍ
kaulaliina

ຄັນຮົ່ມ
sateenvarjo

ເສື້ອຍືດຄໍມົນ
t-paita

ສາຍແອວ
vyö

ເກີບບຸດທ
saappaat

ເກີບແຕະ
sisätossut

ເກີບກິລາ
lenkkarit

ເກີບຮັດດາມ
sandaalit

ເກີບ
kengät

ເກີບບູດທ໌ຍາງ
kumisaappaat

ໃສ້ງຊ້ອນໃນ
alushousut

ເສື້ອຊ້ອນໃນ
rintaliivit

ເສື້ອກ້າມ
aluspaita

ເສື້ອຮັດທຸ້ມ

body

ໂສ້ງຂາຍາວ

housut

ໂສ້ງຢືນ

farkut

ກະໂປ່ງ

hame

ເສື້ອຜູ້ຍິງ

pusero

ເສື້ອເຊິດ

paita

ເສື້ອກັນຫນາວ

villapaita

ເສື້ອຄຸມມີຫມວກ

collegepaita

ເສື້ອໃຫຍ່ທີ່ຕິດກາໂຮງງານຫຼືກາທິມກີລາ

jakku

ເສື້ອແຈັກແກັດ

takki

ເສື້ອນອກ

takki

ເສື້ອກັນຝົນ

sadetakki

ເຄື່ອງແຕ່ງກາຍ

puku

ກະໂປ່ງ

mekko

ຊຸດແຕ່ງງາມ

hääpuku

ເສື້ອສູດ

puku

ຊຸດລາຕິ

yöpaita

ຊຸດນອນ

pyjama

ຊຸດຊາຣິ

shari

ຜ້າຄຸມຫົວ

päähuivi

ຜ້າພັນຫົວ

turbaani

ເສື້ອບຸຣເກາະ

burka

ເສື້ອຄຸມຄາຟຕານ

kaftaani

ເສື້ອຄຸມອາບາຍາ

abaya

ຊຸດລອຍນ້ຳ

uimapuku

ໂສ້ງໃສ່ລອຍນ້ຳ

uimahousut

ໂສ້ງຂາສັ້ນ

shortsit

ຊຸດອອມ

verkkarit

ຜ້າກັນເປື້ອນ

esiliina

ຖົງມື

käsineet

ເສື້ອຜ້າ - vaatteet

ກະດຸມ
nappi

ແວ່ນຕາ
silmälasit

ປອກແຂນ
rannekoru

ສ້ອຍຄໍ
kaulakoru

ແຫວນ
sormus

ຕຸ້ມຫູ
korvakoru

ໝວກແກັບ
lippalakki

ກ້ຽວແຂນເສື້ອນອກ
ripustin

ໝວກ
hattu

ກາລະຫວັດ
solmio

ຊິບ
vetoketju

ໝວກກັນກະທົບ
kypärä

ສາຍໂຍງໂສ້ງ
henkselit

ຊຸດມັກຮຽນ
koulupuku

ເຄື່ອງແບບ
univormu

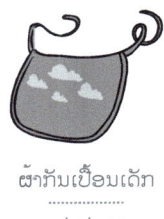

ຜ້າກັນເປື້ອນເດັກ

ruokalappu

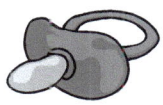

ຮູບຫຸ່ນ

tutti

ຜ້າອ້ອມ

vaippa

ຫ້ອງການ
toimisto

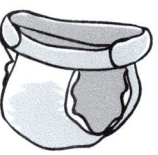

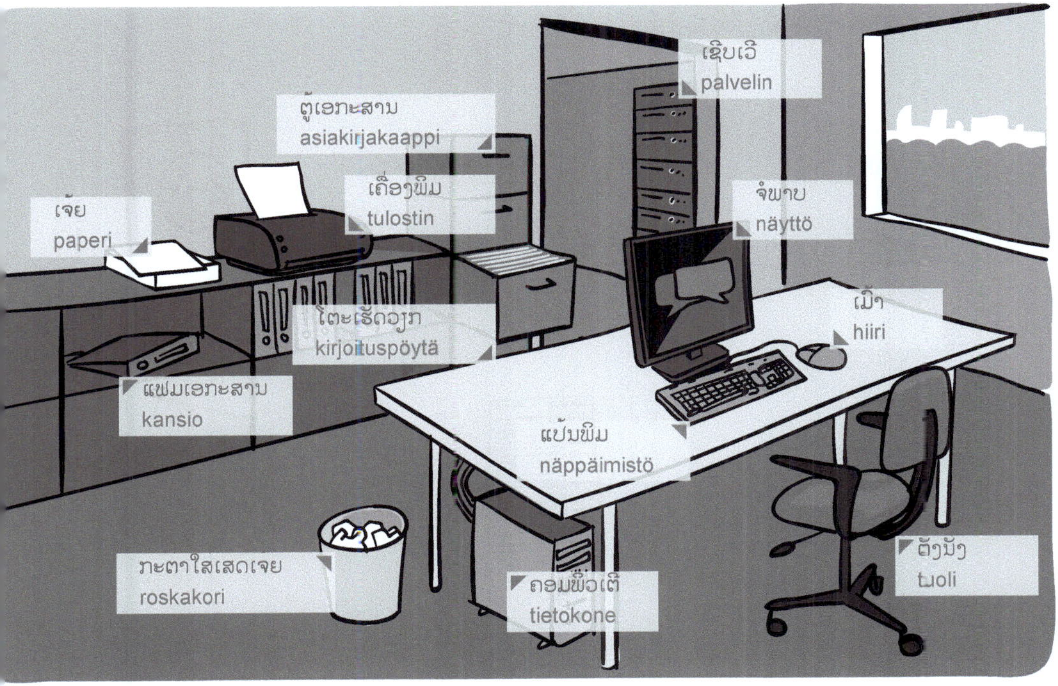
ເຊີບເວີ
palvelin
ຕູ້ເອກະສານ
asiakirjakaappi
ເຄື່ອງພິມ
tulostin
ຈໍພາບ
näyttö
ເຈ້ຍ
paperi
ໂຕະເຮັດວຽກ
kirjoituspöytä
ເມົາ
hiiri
ແຟ້ມເອກະສານ
kansio
ແປ້ນພິມ
näppäimistö
ກະຕາໃສ່ເສດເຈ້ຍ
roskakori
ຄອມພິວເຕີ
tietokone
ຕັ່ງນັ່ງ
tuoli

ຈອກຫີນໃສ່ກາເຟ

kahvimuki

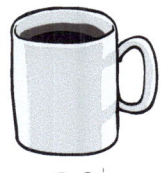

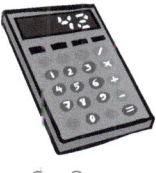

ເຄື່ອງຄິດເລກ

taskulaskin

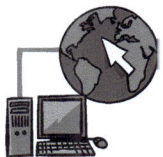

ອິນເຕີເນັດ

internet

ຄອມພິວເຕີແລັບທັອບ

kannettava tietokone

ຈົດໝາຍ

kirje

ຂໍ້ຄວາມ

viesti

ໂທລະສັບມືຖື

kännykkä

ເຄືອຂ່າຍ

verkko

ເຄື່ອງຖ່າຍເອກະສານ

kopiokone

ຊອບແວ

ohjelmisto

ໂທລະສັບ

puhelin

ປັກໄຟ

pistorasia

ເຄື່ອງແຟັກ

faksi

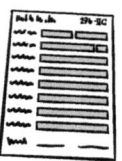

ແບບຟອມ

lomake

ເອກະສານ

asiakirja

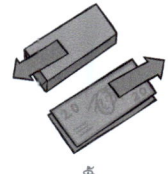

ຊື້

ostaa

ຈ່າຍ

maksaa

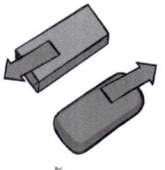

ຄ້າຂາຍ

vaihtaa

ເງິນ

raha

ເງິນດອນລາ

dollari

ເງິນຢູໂຣ

euro

ເງິນເຢນ

jeni

ເງິນຣູເບິລ

rupla

ເງິນຝຣັງສະວິດ

frangi

ເງິນຢວນເຣິນມິນບີ້

renminbi juan

ເງິນຣູປີ

rupia

ເຄື່ອງສາລັບກົດເງິນສົດຈາກທະນາຄານ

pankkiautomaatti

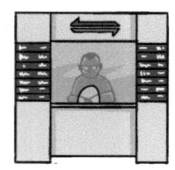

ບ່ອນແລກປ່ຽນເງິນຕາ

rahanvaihto

ທອງຄຳ

kulta

ເງິນ

hopea

ນ້ຳມັນ

öljy

ພະລັງງານ

energia

ລາຄາ

hinta

ສັນຍາ

sopimus

ພາສີ

vero

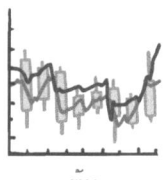

ຫຸ້ນ

osake

ເຮັດວຽກ

työskennellä

ລູກຈ້າງ

työntekijä

ນາຍຈ້າງ

työnantaja

ໂຮງງານ

tehdas

ຮ້ານຄ້າ

liike

ອາຊີບ
ammatit

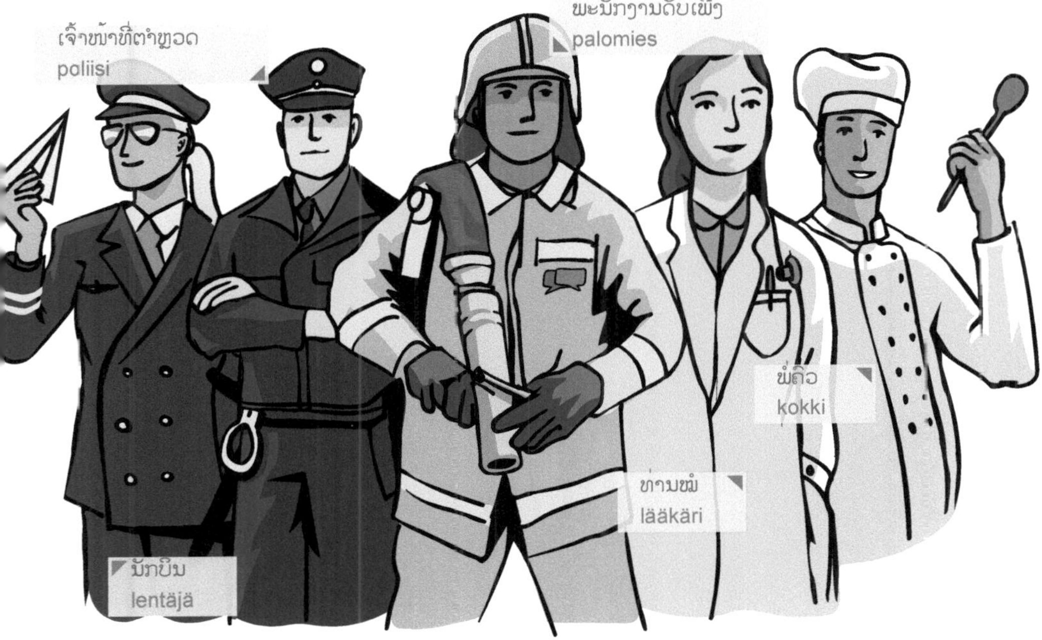
ເຈົ້າໜ້າທີ່ຕຳຫຼວດ
poliisi
ພະນັກງານດັບເພີງ
palomies
ພໍ່ຄົວ
kokki
ທ່ານໝໍ
lääkäri
ນັກບິນ
lentäjä

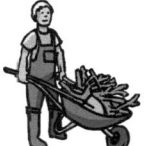

ຊາວສວນ

puutarhuri

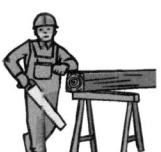

ຊ່າງໄມ້

puuseppä

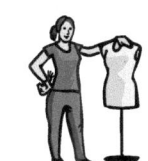

ຊ່າງຫຍິບຜ້າທີ່ເປັນຜູ້ຍິງ

ompelija

ຜູ້ພິພາກສາ

tuomari

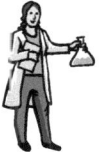

ນັກເຄມີ

kemisti

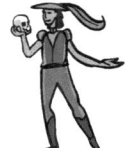

ນັກສະແດງຊາຍ

näyttelijä

ຄົນຂັບລິດເມປະຈຳທາງ
linja-autonkuljettaja

ຄົນຂັບແທັກຊີ
taksinkuljettaja

ຊາວປະມົງ
kalastaja

ແມ່ບ້ານທຳຄວາມສະອາດ
siivooja

ຊ່າງມຸງຫັວດຄາ
katontekijä

ຄົນເສີບຂາຍ
tarjoilija

ນາຍພານ
metsästäjä

ຊ່າງທາສີ
maalari

ຄົນເຮັດເຂົ້າຫນົມປັງ
leipuri

ຊ່າງໄຟຟ້າ
sähköasentaja

ຊ່າງກໍ່ສ້າງ
rakentaja

ວິສະວົກຮອນ
insinööri

ຄົນຂາຍຊີ້ນ
teurastaja

ຊ່າງນ້ຳປະປາ
putkiasentaja

ບູລຸດໄປສະນີ
postinjakaja

ທະຫານ

sotilas

ສະຖາປະນິກ

arkkitehti

ພະນັກງານເກັບຄິດ

kassanhoitaja

ຄົນຂາຍດອກໄມ້

floristi

ຊ່າງແຕ່ງຜົມ

kampaaja

ພະນັກງານກວດປີ້ລົດ

konduktööri

ຊ່າງສ້ອມລົດຍົນ

mekaanikko

ຜູ້ບັງຄັບການ

kapteeni

ທັນຕະແພດ

hammaslääkäri

ນັກວິທະຍາສາດ

tiedemies

ພະໃນສາສະໜາຢິວ

rabbi

ຜູ້ນຳຊາວມຸສລິມ

imaami

ຄູບາ

munkki

ນັກບວດ

pappi

ເຄືອງມື

työkalut

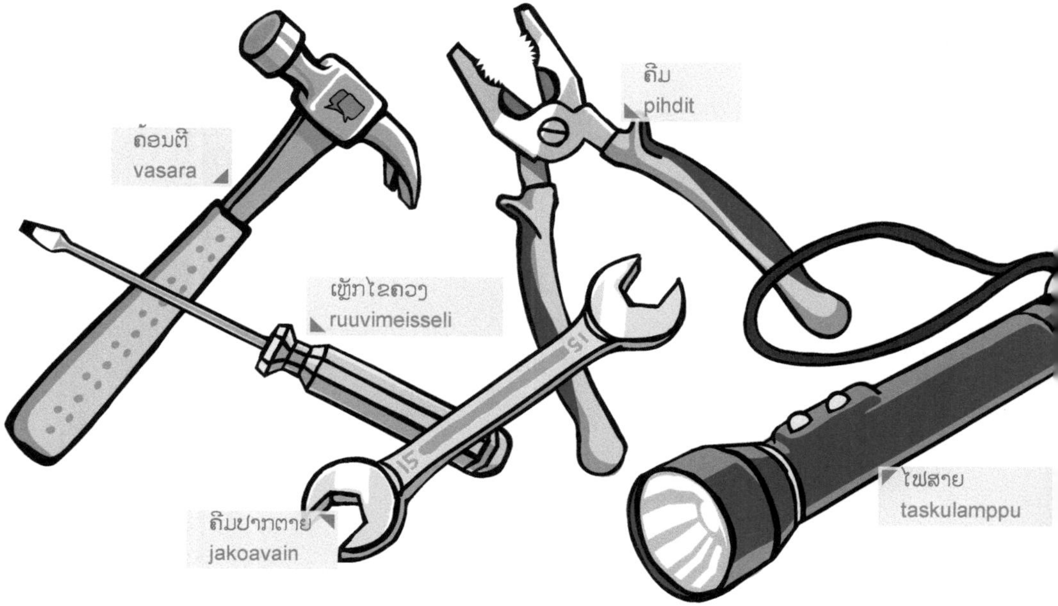
ຄ້ອນຕີ
vasara
ຄີມ
pihdit
ເຫຼັກໄຂຄວງ
ruuvimeisseli
ຄີມປາກຕາຍ
jakoavain
ໄຟສາຍ
taskulamppu

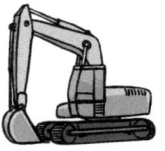

ເຄື່ອງຂຸດ

kaivinkone

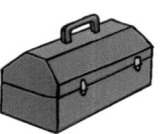

ກັບເຄື່ອງມື

työkalupakki

ຂັ້ນໄດ

tikkaat

ເລື່ອຍ

saha

ຕະປູ

naulat

ເຫຼັກຊີ

pora

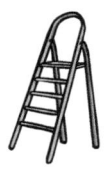

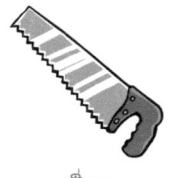

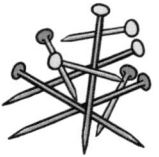

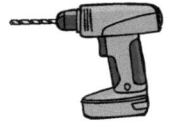

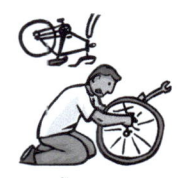

ສ້ອມແປງ

korjata

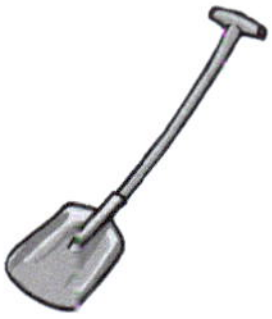

ຊວ້ານ

lapio

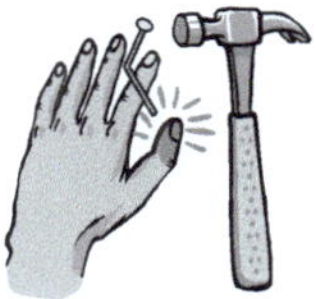

ຕາຍຫ່າ!

Hitto!

ຂະງຸຊວ້ານຂີ້ເຫຍື້ອ

rikkalapio

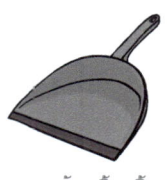

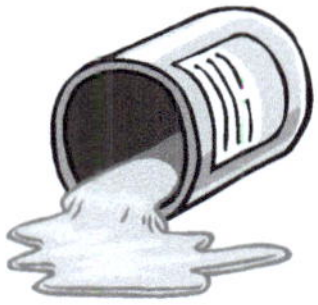

ຖັງສີ

maalipurkki

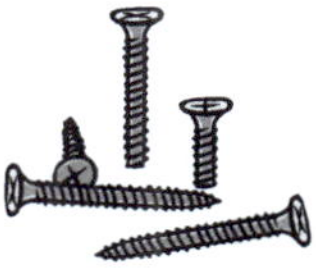

ຕະປູກຽວ

ruuvit

ເຄື່ອງດົນຕີ
soittimet

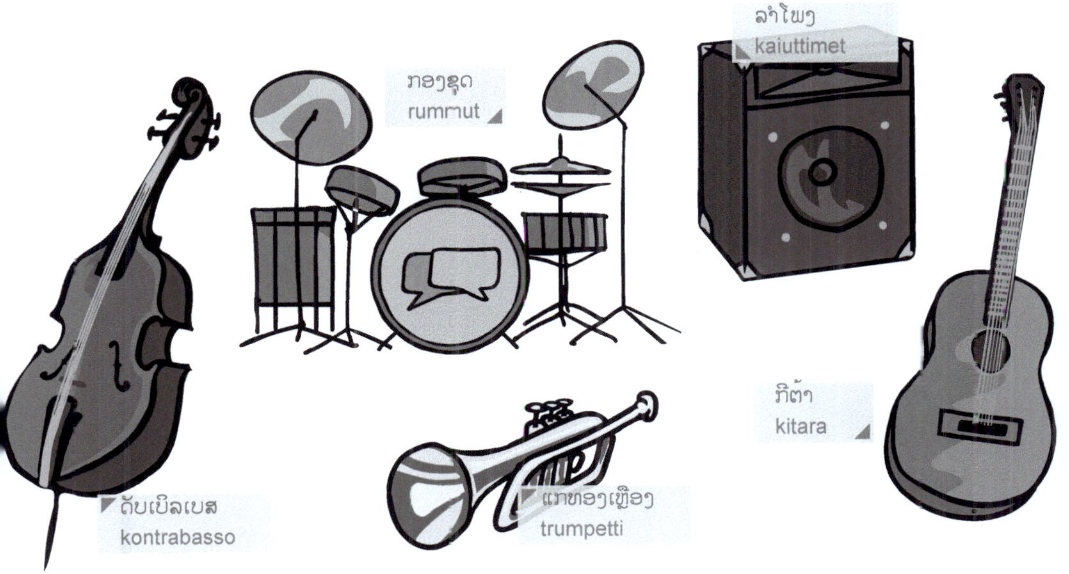
ລຳໂພງ
kaiuttimet
ກອງຊຸດ
rummut
ກີຕ້າ
kitara
ດັບເບີລເບສ
kontrabasso
ແກທອງເຫຼືອງ
trumpetti

ເປຍໂນ

piano

ໄວໂອລິນ

viulu

ເບສ

basso

ກອງທິມປານີ

patarummut

ກອງຊຸດ

rumpu

ຄີບອດ

kosketinsoitin

ແຊັກໂຊໂຟນ

saksofoni

ຂຸ່ຍ

huilu

ໄມໂຄຣໂຟນ

mikrofoni

ສວນສັດ
eläintarha

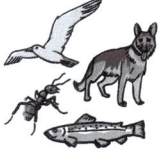

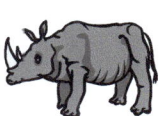

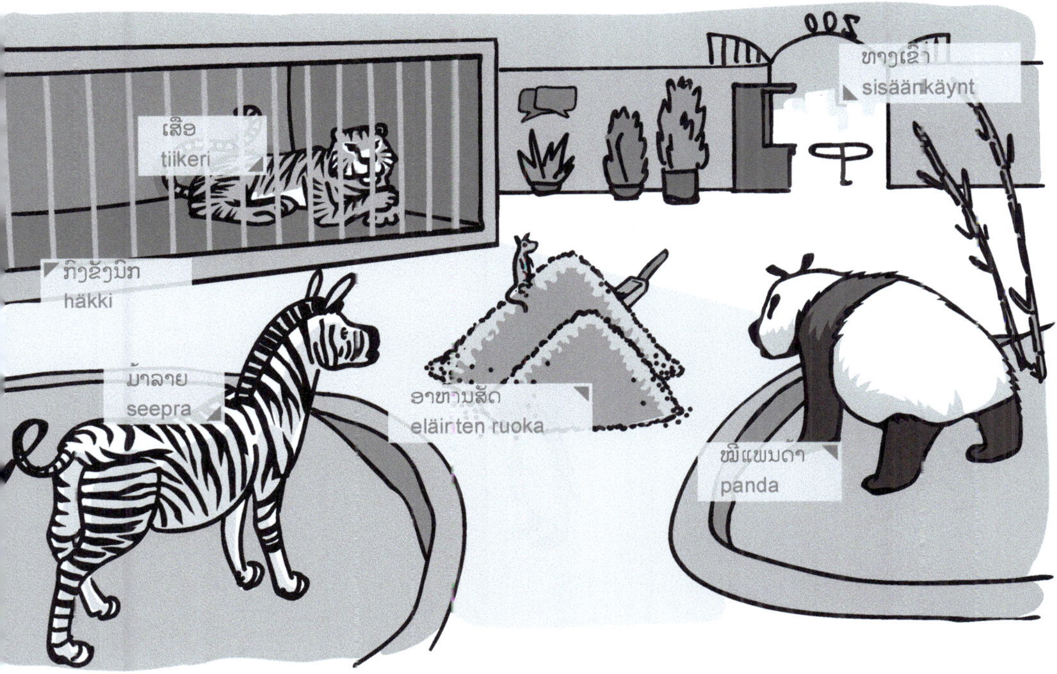
ເສືອ
tiikeri
ທາງເຂົ້າ
sisäänkäynt
ກົງຂັງນົກ
häkki
ມ້າລາຍ
seepra
ອາຫານສັດ
eläinten ruoka
ໝີແພນດາ
panda

ສັດ

eläimet

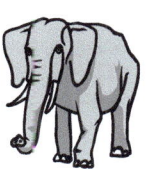

ຊ້າງ

norsu

ກັງກາຣູ

kenguru

ແຮດ

sarvikuono

ລິງໂທນໃຫຍ່

gorilla

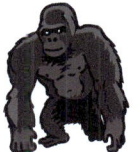

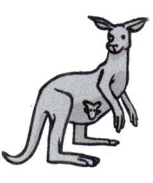

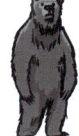

ໝີ

karhu

ອູດ

kameli

ນົກກະຈອກເທດ

strutsi

ສິງໂຕ

leijona

ລິງ

apina

ນົກຟລາມິງໂກ

flamingo

ນົກແກ້ວ

papukaija

ໝີຂົ້ວໂລກ

jääkarhu

ນົກເພັນກວິນ

pingviini

ປາສະຫາມ

hai

ນົກຍູງ

riikinkukko

ງູ

käärme

ແຂ້

krokotiili

ຜູ້ເບິ່ງແຍງສວນສັດ

eläintarhanhoitaja

ແມວນ້ຳ

hylje

ເສືອຈາກົວ

jaguaari

ມ້າພັນນ້ອຍ

poni

ເສືອດາວ

leopardi

ຮິບໂປ

virtahepo

ໂຕຈິຣາຟ

kirahvi

ໜງວ

kotka

ໝູປ່າຕິວຜູ້

villisika

ປາ

kala

ເຕົ່າ

kilpikonna

ຊ້າງນ້ຳ

mursu

ໝາຈອກ

kettu

ກວາງນ້ອຍ

gaselli

ອາເມລິກັນຟຸດບອນ
amerikkalainen jalkapallo

ຂີ່ລົດຖີບ
pyöräily

ກິລາເທນນິສ
tennis

ບັສເກັດບອລ
koripallo

ກິລາລອຍນ້ຳ
uinti

ຊົກມວຍ
nyrkkeily

ກິລາຕີຄິດຄິມນ້ຳແຂງ
jääkiekko

ກິລາເຕະບານ
jalkapallo

ກິລາຕິດອກປີກໄກ່
sulkapallo

ກິລາປະເພດ ແລ່ນ
ເຕັ້ນແລະແກວ່ງ
yleisurheilu

ແຮນບອລ
käsipallo

ກິລາສະກີ້
hiihto

ກິລາໂປໂລນ້ຳ
poolo

ກິດຈະກຳ

aktiviteetit

ໂດດ
hypätä
ກອດ
halata
ຫົວ
nauraa
ຍ່າງ
kävellä
ຮ້ອງເພງ
laulaa
ຝັນ
unelmoida
ໄຫວ້ພະ / ສວດມົນ
rukoilla
ຈູບ
suudella

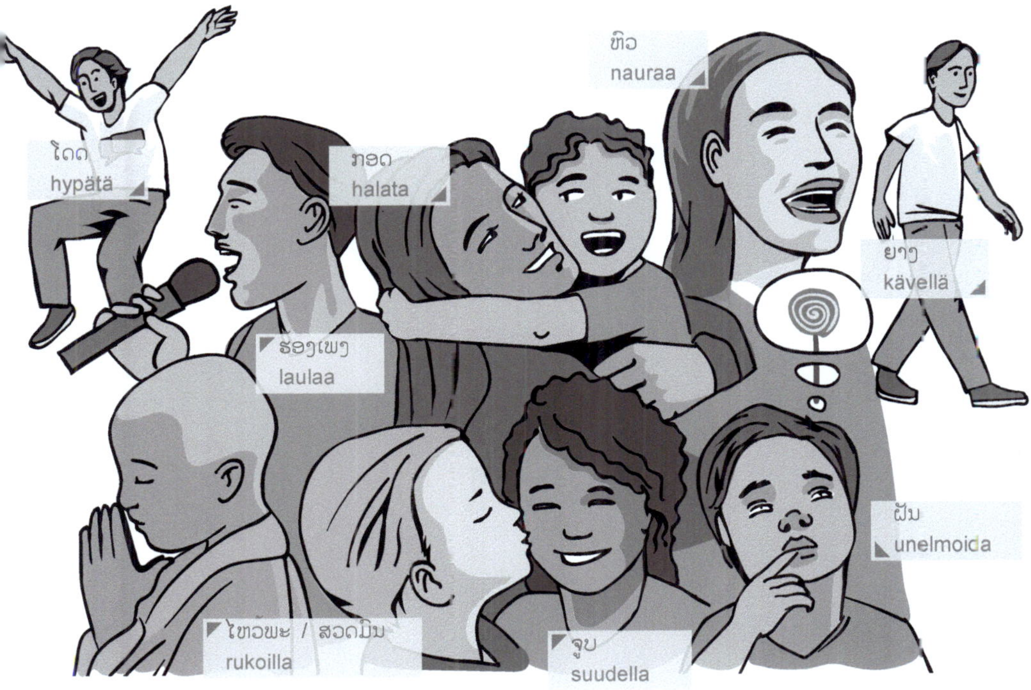

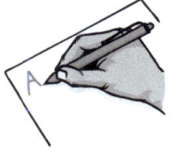

ຂຽນ

kirjoittaa

ແຕ້ມ

piirtää

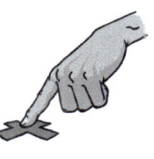

ສະແດງ

näyttää

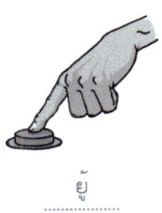

ຍູ້

painaa

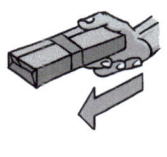

ໃຫ້

antaa

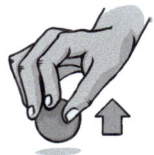

ເອົາໄປ

ottaa

ມີ

omistaa

ເຮັດ

tehdä

ເປັນ

olla

ຢືນ

seisoa

ແລ່ນ

juosta

ດຶງ

vetää

ໂຍນ

heittää

ລົ້ມ

kaatua

ນອນຢຽດ

maata

ລໍຖ້າ

odottaa

ຫິ້ວ

kantaa

ນັ່ງ

istua

ແຕ່ງຕົວ

pukeutua

ນອນຫຼັບ

nukkua

ຕື່ນນອນ

herätä

ເບິ່ງ
katsoa

ຮ້ອງໄຫ້
itkeä

ລູບ
silittää

ຫວີຜົມ
kammata

ລົມ
puhua

ເຂົ້າໃຈ
ymmärtää

ຄຳຖາມ
kysyä

ຟັງ
kuunnella

ດື່ມ
juoda

ກິນ
syödä

ຈັດໃຫ້ເປັນລະບຽບ
siivota

ຮັກ
rakastaa

ຕົ້ມກິນ
keittää

ຂັບລົດ
ajaa

ບິນ
lentää

ແລ່ນເຮືອ

purjehtia

ຄິດໄລ່

laskea

ອ່ານ

lukea

ຮຽນຮູ້

oppia

ເຮັດວຽກ

työskennellä

ແຕ່ງງານ

mennä naimisiin

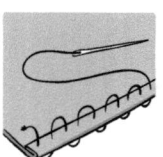

ຫຍິບ

ommella

ແປງຟັນ

pestä hampaat

ຂ້າ

tappaa

ສູບຢາ

tupakoida

ສົ່ງ

lähettää

ຄອບຄົວ

perhe

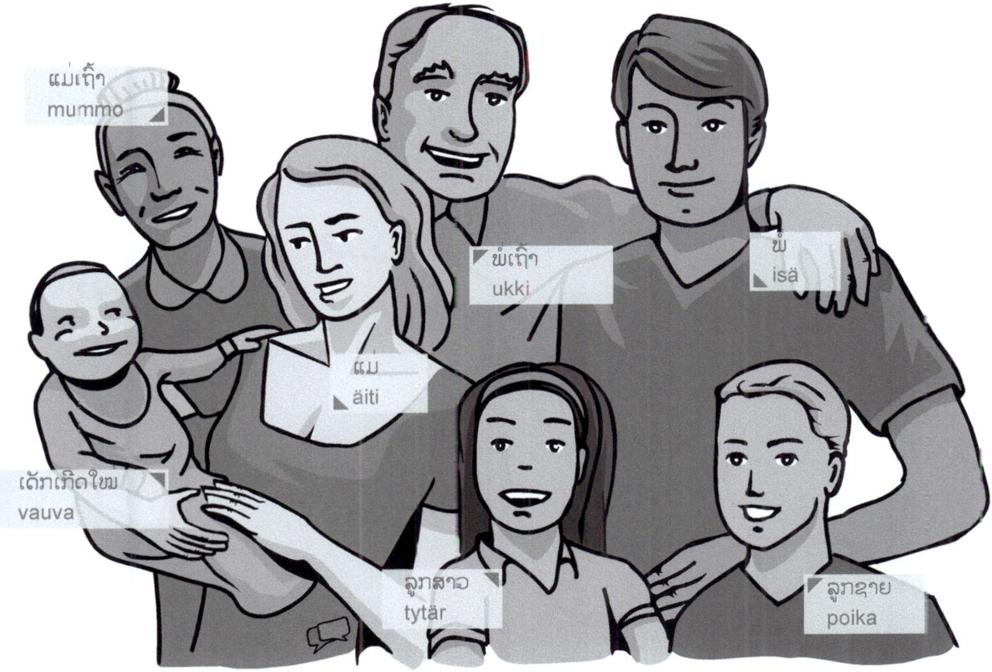
ແມ່ເຖົ້າ
mummo
ພໍ່ເຖົ້າ
ukki
ພໍ່
isä
ແມ່
äiti
ເດັກເກີດໃໝ່
vauva
ລູກສາວ
tytär
ລູກຊາຍ
poika

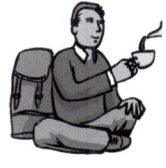

ແຂກ

vieras

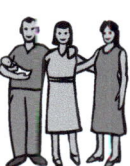

ປ້າ

täti

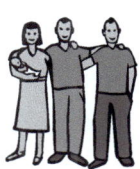

ລຸງ

setä

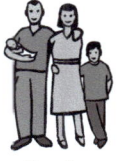

ອ້າຍນ້ອງ

veli

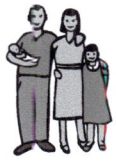

ເອື້ອຍນ້ອງ

sisko

ຮ່າງກາຍ

vartalo

ໜ້າຜາກ
otsa
ຕາ
silmä
ບ່າໄຫຼ່
olkapää
ນິ້ວມື
sormet
ໃບໜ້າ
kasvot
ຄາງ
leuka
ມື
käsi
ຂາ
jalka
ໜ້າເອິກ
rinta
ແຂນ
käsivarsi

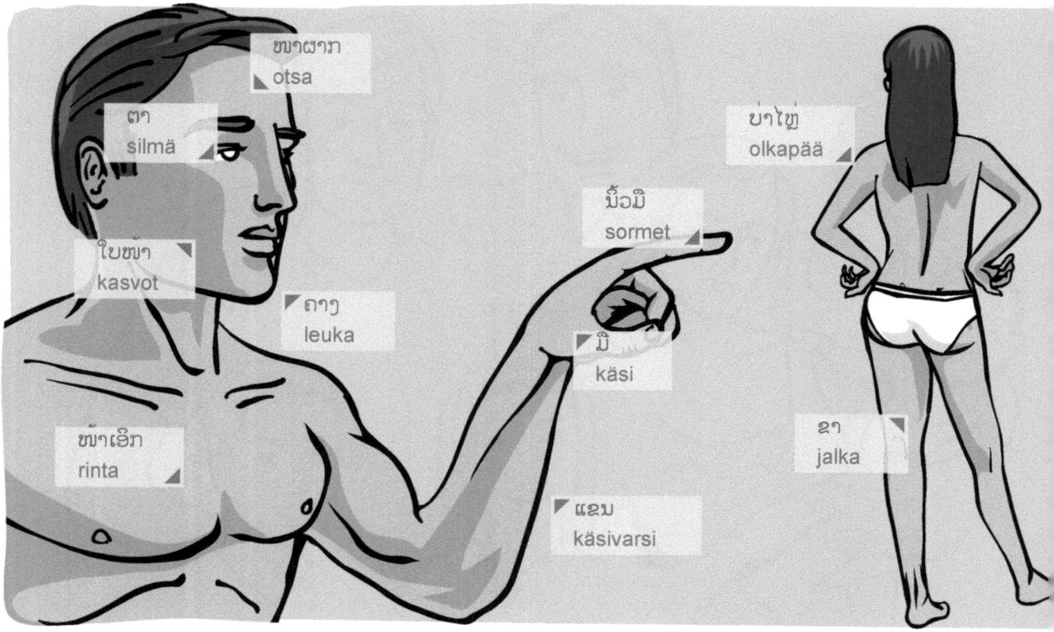

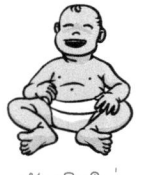

ເດັກເກີດໃໝ່

vauva

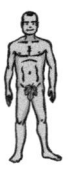

ຜູ້ຊາຍ

mies

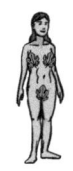

ຜູ້ຍິງ

nainen

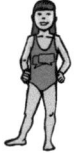

ເດັກຍິງ

tyttö

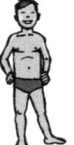

ເດັກຊາຍ

poika

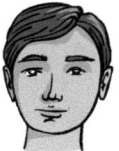

ຫົວ

pää

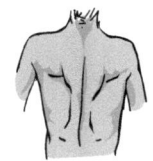

ຫຼັງ

selkä

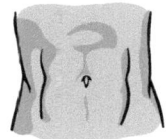

ທ້ອງ

maha

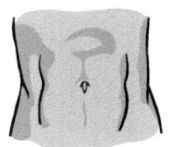

ສະບື

napa

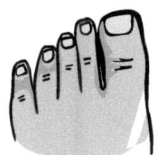

ນິ້ວຕີນ

varvas

ສ້ນຕີນ

kantapää

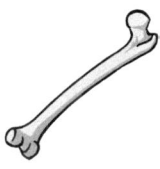

ກະດູກ

luu

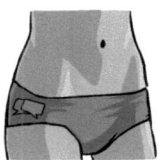

ກະໂພກ

lantio

ຫົວເຂົ່າ

polvi

ແຂນສອກ

kyynärpää

ດັງ

nenä

ກົ້ນ

takapuoli

ຜິວໜັງ

iho

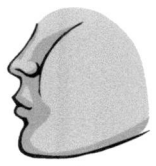

ແກ້ມ

poski

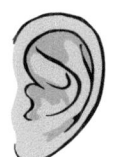

ຫູ

korva

ຮິມສົບ

huuli

ປາກ

suu

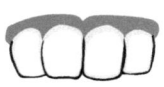

ແຂ້ວ

hammas

ລີ້ນ

kieli

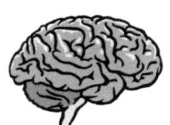

ສະໝອງ

aivot

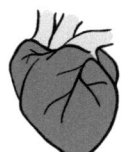

ຫົວໃຈ

sydän

ກ້າມເນື້ອ

lihas

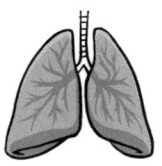

ປອດ

keuhkot

ຕັບ

maksa

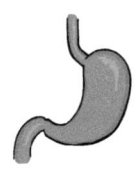

ກະເພາະ

vatsa

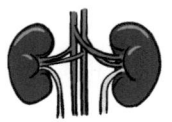

ໄຕ

munuaiset

ເພດສຳພັນ

seksi

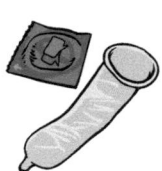

ຖົງຢາງອະນາໄມ

kondomi

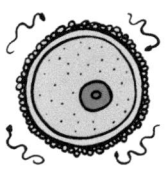

ເຊລສືບພັນ

munasolu

ນ້ຳອະສຸຈິ

sperma

ການຖືພາ

raskaus

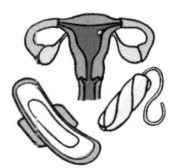

ປະຈຳເດືອນ

kuukautiset

ຊ່ອງຄອດ

vagina

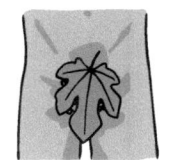

ອະໄວຍະວະເພດຊາຍ

penis

ຄິ້ວ

kulmakarvat

ເສັ້ນຜົມ

hiukset

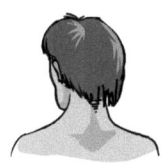

ຄໍ

niska

ໂຮງໝໍ

sairaala

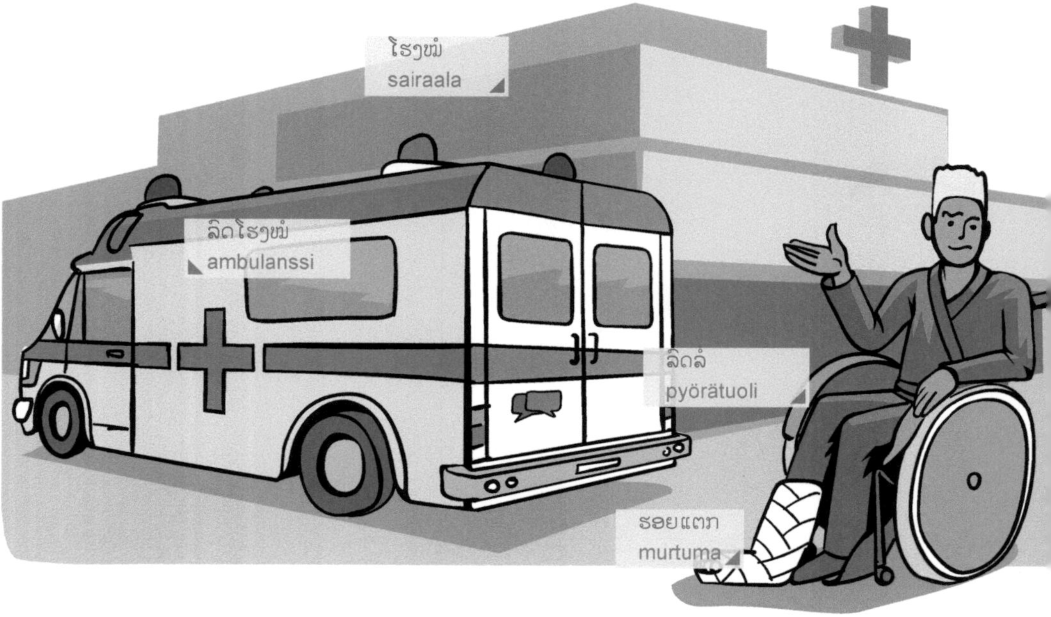

ໂຮງໝໍ
sairaala
ລົດໂຮງໝໍ
ambulanssi
ລໍ້ລໍ
pyörätuoli
ຮອຍແຕກ
murtuma

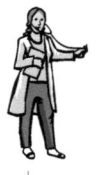

ທ່ານໝໍ

lääkäri

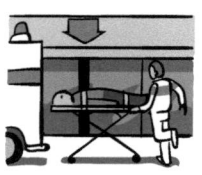

ຫ້ອງສຸກເສີນ

ensiapu

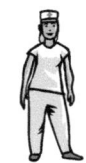

ພະຍາບານ

sairaanhoitaja

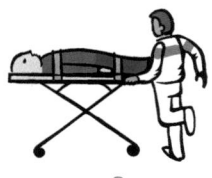

ສຸກເສີນ

hätätilanne

ໝົດສະຕິ

tajuton

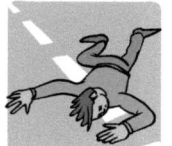

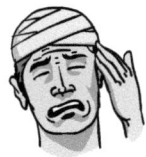

ອາການເຈັບປວດ

kipu

ການບາດເຈັບ

vamma

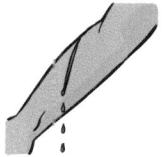

ເລືອດໄຫຼ

ve-envuoto

ຫົວໃຈວາຍ

sydänkohtaus

ໂຣກຫຼອດເລືອດໃນສະໝອງ

aivoinfarkti

ອາການແພ້

allergia

ໄອ

yskä

ໄຂ້

kuume

ໄຂ້ຫວັດ

flunssa

ຖອກທ້ອງ

ripuli

ເຈັບຫົວ

päänsärky

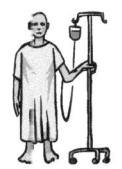

ໂຣກມະເລງ

syöpä

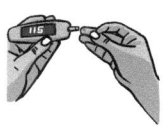

ພະຍາດເບົາຫວານ

diabetes

ໝໍຜ່າຕັດ

kirurgi

ມິດຜ່າຕັດ

veitsi

ການຜ່າຕັດ

leikkaus

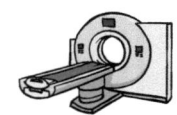

ເຄື່ອງເອັກເຊິເຣຄອມພິວເຕີ
ct

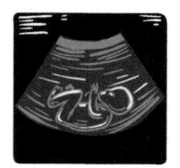

ເອັກຊ໌-ເຣ
röntgen

ອຸລຕຣາຊາວ (ultrasound)
ultraääni

ໜ້າກາກອະນາໄມ
maski

ພະຍາດ
sairaus

ຫ້ອງລໍຖ້າ
odotushuone

ໄມ້ຄ້າຊັ້ນແຮ້
sauva

ຜ້າຢາງຕິດບາດ
laastari

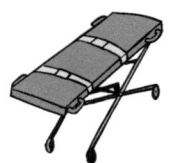

ຜ້າພັນແຜ
side

ສັກຢາ
pistos

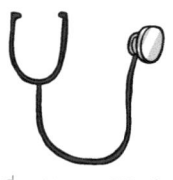

ເຄື່ອງຟັງປອດຫຼືທົ່ວໃຈ
stetoskooppi

ເປທາມຄົນເຈັບ
paarit

ບາໆອດວັດໄຂ້
kuumemittari

ການເກີດ
syntymä

ນ້ຳໜັກເກີນ
ylipaino

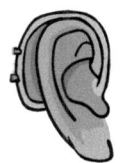

ເຄື່ອງຊ່ວຍຟັງ

kuulolaite

ນ້ຳຢາຂ້າເຊື້ອ

desinfiointiaine

ການຕິດເຊື້ອ

infektio

ເຊື້ອໄວຣັສ

virus

HIV / ເອດສ໌

HIV / AIDS

ຢາ

lääke

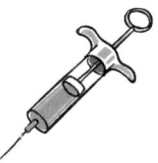

ການສັກວັກຊິນ

rokotus

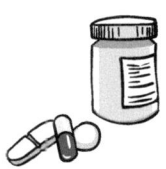

ຢາເມັດ

tabletit

ຢາເມັດ

pilleri

ໂທຫາກສຸກເສີນ

hätäpuhelu

ເຄື່ອງວັດຄວາມດັນເລືອດ

verenpainemittari

ໄຂ້ / ສຸຂະພາບດີ

sairas / terve

ຊ່ວຍດ້ວຍ!

Apua!

ສັນຍານເຕືອນໄພ

hälytys

ການທຳຮ້າຍຮ່າງກາຍ

ryöstö

ການໂຈມຕິ

hyökkäys

ອັນຕະລາຍ

vaara

ທາງອອກສຸກເສີນ

hätäuloskäynti

ໄຟໄໝ້!

Tulipalo!

ຍັ້ງດັບເພິງ

palosammutin

ອຸປະຕິເຫດ

onnettomuus

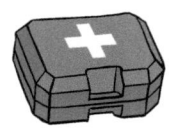

ຊຸດປະຖົມພະຍາບານຂັ້ນຕົ້ນ

ensiapulaukku

ສັນຍານຂໍຄວາມຊ່ວຍເຫຼືອ

SOS

ຕຳຫຼວດ

poliisilaitos

ເອິຣົບ

Eurooppa

ອາເມລິກາເໜືອ

Pohjois-Amerikka

ອາເມລິກາໃຕ້

Etelä-Amerikka

ອາຟຣິກາ

Afrikka

ເອເຊຍ

Aasia

ອອສເຕຣເລຍ

Australia

ແອດແລນຕິກ

Atlantin valtameri

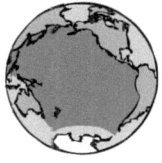

ປາຊິຟິກ

Tyynimeri

ມະຫາສະໝຸດອິນເດຍ

Intian valtameri

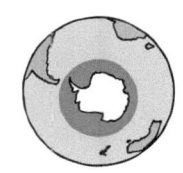

ມະຫາສະໝຸດແອນຕາຣຕິກ

Eteläinen jäämeri

ມະຫາສະໝຸດອາກຕິກ

Pohjonen jäämeri

ຂົ້ວໂລກເໜືອ

pohjoisnapa

ຂົ້ວໂລກໃຕ້

etelänapa

ແອນຕາຣຕິກາ

Antarktis

ໂລກ

maa

ດິນ

maa

ທະເລ

meri

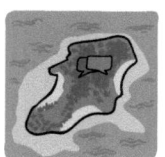

ເກາະ

saari

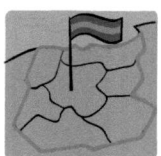

ຊາດ / ປະເທດຊາດ

kansa

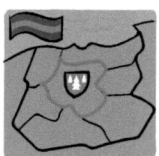

ລັດ

osavaltio

ໜ້າປັດໂມງ

kellotaulu

ເຂັມໂມງ

tuntiviisari

ເຂັມນາທີ

minuuttiviisari

ເຂັມວິນາທີ

sekuntiviisari

ຈັກໂມງແລ້ວ?

Paljonko kello on?

ວັນ

päivä

ເວລາ

aika

ຕອນນີ້

nyt

ໂມງດິຈິຕອລ

digitaalikello

ນາທີ

minuutti

ຊົ່ວໂມງ

tunti

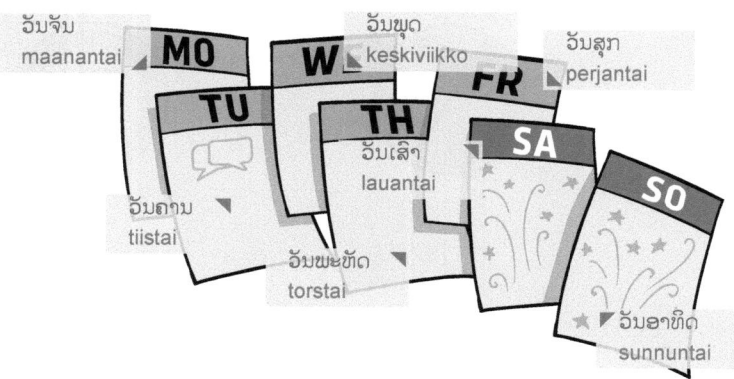

ອັນຈັນ maanantai

ອັນພຸດ keskiviikko

ອັນສຸກ perjantai

ອັນຄານ tiistai

ອັນເສົາ lauantai

ອັນພະຫັດ torstai

ອັນອາທິດ sunnuntai

ມື້ວານນີ້

eilen

ມື້ນີ້

tänään

ມື້ອື່ນ

huomenna

ຕອນເຊົ້າ

aamu

ຕອນທ່ຽງ

keskipäivä

ຕອນແລງ

ilta

ອັນເຮັດວຽກ

työpäivät

ທ້າຍສັບປະດາ

viikonloppu

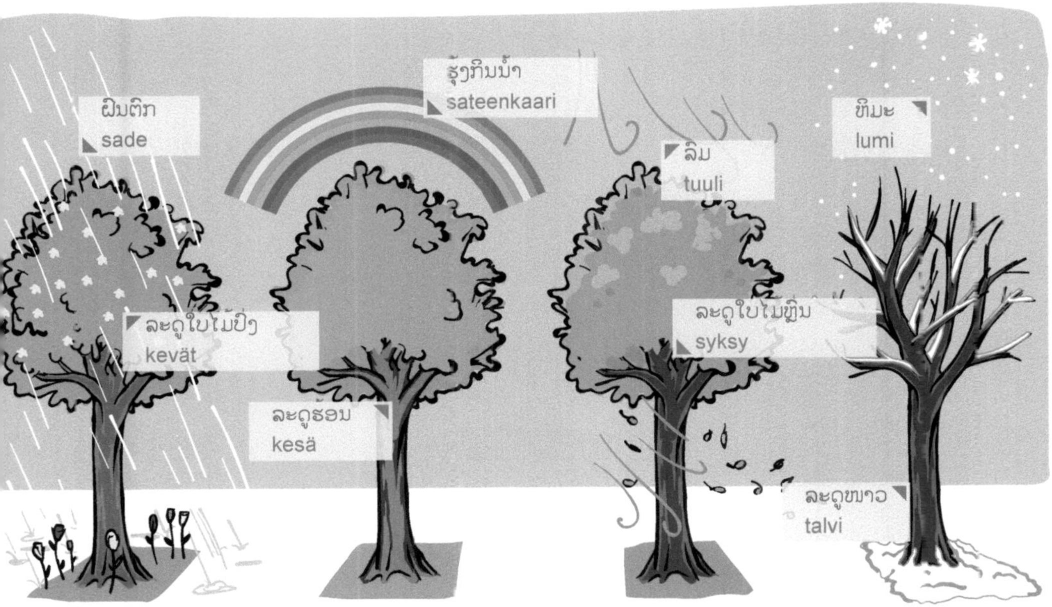

ຝົນຕົກ
sade

ຮຸ້ງກິນນ້ຳ
sateenkaari

ລົມ
tuuli

ຫິມະ
lumi

ລະດູໃບໄມ້ປົ່ງ
kevät

ລະດູຮ້ອນ
kesä

ລະດູໃບໄມ້ຫຼົ່ນ
syksy

ລະດູໜາວ
talvi

4. APRIL	11°	☀
5. APRIL	4°	☁
6. APRIL	13°	☂
7. APRIL	8°	☀
8. APRIL	10°	☀

ການພະຍາກອນອາກາດ
....
sääennuste

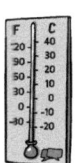

ເຄື່ອງວັດອຸນຫະພູມ
....
lämpömittari

ແສງແດດ
....
auringonpaiste

ຂີ້ເຝື້ອ
....
pilvi

ໝອກ
....
sumu

ຄວາມຊຸ່ມ
....
ilmankosteus

ສາຍຟ້າແມບ

salama

ຟ້າຮ້ອງ

ukkonen

ພະຍຸ

myrsky

ຝົນຕົກເຫັບ

rae

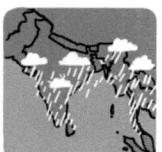

ລົມມໍລະສຸມ

monsuuni

ນ້ຳຖ້ວມ

tulva

ນ້ຳກ້ອນ

jää

ມັງກອນ

tammikuu

ກຸມພາ

helmikuu

ມີນາ

maaliskuu

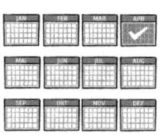

ເມສາ

huhtikuu

ພຶດສະພາ

toukokuu

ມິຖຸນາ

kesäkuu

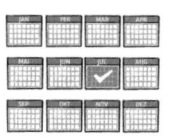

ກໍລະກົດ

heinäkuu

ສິງຫາ

elokuu

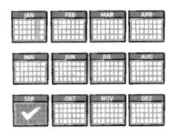

ກັນຍາ

syyskuu

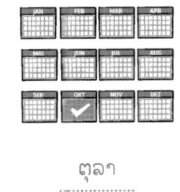

ຕຸລາ

lokakuu

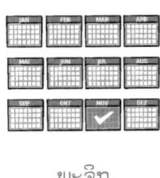

ພະຈິກ

marraskuu

ທັນວາ

joulukuu

ຮູບຮ່າງ

muodot

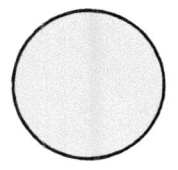

ວົງມົນ

ympyrä

ສີ່ຫຼ່ຽມ

neliö

ຮູບສີ່ຫຼ່ຽມມຸມສາກ

suorakulmio

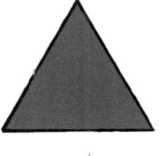

ສາມຫຼ່ຽມ

kolmio

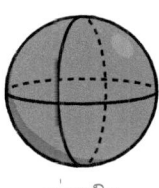

ໜ່ວຍກົມ

pallo

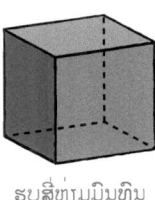

ຮູບສີ່ຫຼ່ຽມມິນທົນ

kuutio

värit

ສີຂາວ

valkoinen

ສີເຫຼືອງ

keltainen

ສີສົ້ມ

oranssi

ສີບົວ

vaaleanpunainen

ສີແດງ

punainen

ສີມ່ວງ

violetti

ສີຟ້າ

sininen

ສີຂຽວ

vihreä

ສີນ້ຳຕານ

ruskea

ສີເທົາ

harmaa

ສີດຳ

musta

ຫຼາຍ / ນ້ອຍ

paljon / vähän

ໃຈຮ້າຍ / ໃຈເຢັນ

vihainen / ystävällinen

ງາມ / ຂີ້ຮ້າຍ

kaunis / ruma

ການເລີ່ມຕົ້ນ / ການສິ້ນສຸດ

alku / loppu

ໃຫຍ່ / ນ້ອຍ

suuri / pieni

ແຈ້ງ / ມືດ

vaalea / tumma

ນ້ອງຊາຍທີ່ຮ້າຍ /
ນ້ອງສາວທີ່ເອື້ອຍ

veli / sisko

ສະອາດ / ເປື້ອນ

puhdas / likainen

ສຳເລັດ / ບໍ່ສຳເລັດ

täydellinen / epätäydellinen

ກາງວັນ / ກາງຄືນ

päivä / yö

ຕາຍ / ມີຊີວິດ

kuollut / elävä

ກວ້າງ / ແຄບ

leveä / kapea

ກິນໄດ້ / ກິນບໍ່ໄດ້

syötävä / syömäkelvoton

ຊົ່ວຮ້າຍ / ໃຈດີ

paha / kiltti

ໜ້າຕື່ນເຕັ້ນ / ໜ້າເບື່ອ

innostunut / tylsistynyt

ອ້ວນ / ຈ່ອຍ

lihava / laiha

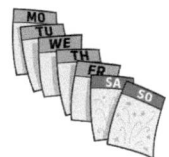

ທຳອິດ / ສຸດທ້າຍ

ensimmäinen / viimeinen

ເພື່ອນ / ສັດຕູ

ystävä / vihollinen

ເຕັມ / ອ່າງເປົ່າ

täysi / tyhjä

ແຂງ / ນຸ້ມ

kova / pehmeä

ໜັກ / ເບົາ

painava / kevyt

ຄວາມທື / ຄວາມທືອນ້ຳ

nälkä / jano

ໄຂ້ / ສຸຂະພາບດີ

sairas / terve

ຜິດກົດໝາຍ / ຖືກກົດໝາຍ

laiton / laillinen

ສະຫຼາດ / ໂງ່

älykäs / tyhmä

ຊ້າຍ / ຂວາ

vasen / oikea

ໃກ້ / ໄກ

lähellä / kaukana

ໃໝ່ / ໃຊ້ແລ້ວ

uusi / käytetty

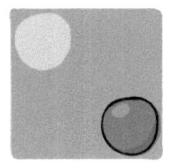

ບໍ່ມີຫຍັງ / ບາງສິ່ງບາງຢ່າງ

ei m tään / jotain

ແກ່ / ໜຸ່ມ

vanha / nuori

ເປີດ / ປິດ

pää lä / pois päältä

ເປີດ / ປິດ

auki / kiinni

ງຽບ / ດັງ

hiljainen / äänekäs

ຮັ່ງມີ / ຍາກຈົນ

r kas / köyhä

ຖືກ / ຜິດ

oikein / väärin

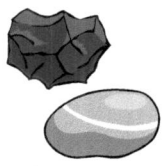

ບໍ່ລຽບ / ລຽບ

karhea / sileä

ໂສກເສົ້າ / ດີໃຈ

surullinen / iloinen

ສັ້ນ / ຍາວ

lyh yt / pitkä

ຊ້າ / ໄວ

hidas / nopea

ປຽກ / ແຫ້ງ

märkä / kuiva

ອົບອຸ່ນ / ໜາວເຢັນ

lämmin / viileä

ສົງຄາມ / ສັນຕິພາບ

sota / rauha

0

ສູນ

nolla

1

ໜຶ່ງ

yksi

2

ສອງ

kaksi

3

ສາມ

kolme

4

ສີ່

neljä

5

ຫ້າ

viisi

6

ຫົກ

kuusi

7

ເຈັດ

seitsemän

8

ແປດ

kahdeksan

9

ເກົ້າ

yhdeksän

10

ສິບ

kymmenen

11

ສິບເອັດ

yksitoista

12

ສິບສອງ

kaksitoista

13

ສິບສາມ

kolmetoista

14

ສິບສີ່

neljätoista

15

ສິບຫ້າ

viisitoista

16

ສິບຫົກ

kuusitoista

17

ສິບເຈັດ

seitsemäntoista

18

ສິບແປດ

kahdeksantoista

19

ສິບເກົ້າ

yhdeksäntoista

20

ຊາວ

kaksikymmentä

100

ໜຶ່ງຮ້ອຍ

sata

1.000

ໜຶ່ງພັນ

tuhat

1.000.000

ໜຶ່ງລ້ານ

miljoona

ພາສາອັງກິດ

englanti

ພາສາອັງກິດແບບອາເມລິກັນ

amerikanenglanti

ພາສາຈິນແມນດາຣິນ

mandariinikiina

ພາສາຮິນດິ

hindi

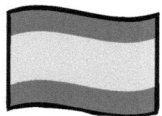

ພາສາສະເປນ

espanja

ພາສາຝຣັ່ງເສດ

ranska

ພາສາອາຣັບ

arabia

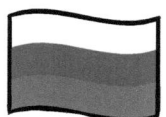

ພາສາຣັດເຊຍ

venäjä

ພາສາປ໊ອກຕຸຍການ

portugali

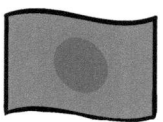

ພາສາແບງກາລ

bengali

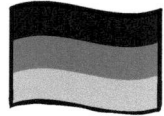

ພາສາເຢຍລະມັນ

saksa

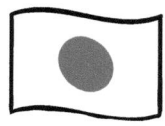

ພາສາຍີ່ປຸ່ນ

japani

ຂ້ອຍ

minä

ເຈົ້າ

sinä

ລາວ (ຜູ້ຊາຍ) / ລາວ (ຜູ້ຍິງ) / ມັນ

hän

ພວກເຮົາ

me

ພວກເຈົ້າ

te

ພວກເຮົາ

he

ໃຜ?

kuka?

ແມ່ນຫຍັງ?

m tä / mikä?

ແນວໃດ?

miten?

ຢູ່ໃສ?

missä?

ເມື່ອໃດ?

milloin?

ຊື່

nimi

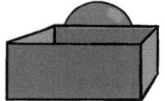

ຢູ່ທາງຫົວ

takana

ໃນ

sisällä

ຢູ່ທາງໜ້າ

edessä

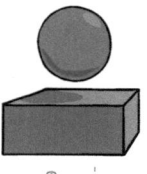

ເໜືອກວ່າ

yläpuolella

ຢູ່ເທິງ

päällä

ຢູ່ກ້ອງ

alapuolella

ທາງຂ້າງ

vieressä

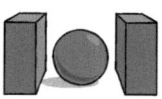

ຢູ່ລະຫວ່າງ

välissä

ສະຖານທີ່

paikka